はじめに

技能検定は、労働者の有する技能を一定の基準によって検定し、これを公証する国家検定制度であり、技能に対する社会一般の評価を高め、働く人々の技能と地位の向上を図ることを目的として、職業能力開発促進法に基づいて1959年（昭和34年）から実施されています。

当研究会では、1975年（昭和50年）から技能検定試験受検者の学習に資するため、過去に出題された学科試験問題（1・2級）に解説を付して、「学科試験問題解説集」を発行しております。

このたびさらに、平成30・令和元・2年度に出題された学科試験問題(注)、ならびに直近1年分の実技試験問題を「技能検定試験問題集（正解表付き）」として発行することになりました。

本問題集が1級・2級の技能士を目指して技能検定試験を受検される多くの方々にご利用いただき、大きな成果が上がることを祈念いたします。

令和3年8月

用問題研究会

注）令和2年度前期試験は実施されなかったため、該当する作業については2年分（平成30・31年度）の学科試験問題を収録しています。

目　　次

技能検定の概要

1　技能検定試験の等級区分

技能検定試験は合格に必要な技能の程度を等級ごとに次のとおりに区分しています。

特　　級：検定職種ごとの管理者又は監督者が通常有すべき技能及びこれに関する知識の程度

１　　級：検定職種ごとの上級の技能労働者が通常有すべき技能及びこれに関する知識の程度

２　　級：検定職種ごとの中級の技能労働者が通常有すべき技能及びこれに関する知識の程度

３　　級：検定職種ごとの初級の技能労働者が通常有すべき技能及びこれに関する知識の程度

単一等級：検定職種ごとの上級の技能労働者が通常有すべき技能及びこれに関する知識の程度

※これらの他に外国人実習生等を対象とした基礎級があります。

2　検定試験の基準

技能検定は、実技試験及び学科試験によって行われています。

実技試験は、実際に作業などを行わせて、その技量の程度を検定する試験であり、学科試験は、技能の裏付けとなる知識について行う試験です。

実技試験及び学科試験は、検定職種の等級ごとに、それぞれの試験科目及びその範囲が職業能力開発促進法施行規則により、また、その具体的な細目が厚生労働省職業能力開発局長通達により定められています。

(1)　実技試験

実技試験は、実際に作業（物の製作、組立て、調整など）を行わせて試験する、製作等作業試験が中心となっており、検定職種の大部分のものについては、その課題が試験日に先立って公表されています。

試験時間は、１級、２級及び単一等級については原則として５時間以内、３級については３時間以内が標準となっています。

また、検定職種によっては、製作等作業試験の他、実際的な能力を試験するため、次のような判断等試験又は計画立案等作業試験が併用されることがあります。

① 判断等試験

判断等試験は、製作等作業試験のみでは技能評価が困難な場合又は検定職種の性格や試験実施技術等の事情により製作等作業試験の実施が困難な場合に用いられるもので、例えば技能者として体得していなければならない基本的な技能について、原材料、模型、写真などを受検者に提示し、判別、判断などを行わせ、その技能を評価する試験です。

② 計画立案等作業試験

製作等作業試験、判断等試験の一方又は双方でも技能評価が不足する場合に用いられるもので、現場における実際的、応用的な課題を、表、グラフ、文章などにより設問したものを受検者に提示し、計算、計画立案、予測などを行わせることにより技能の程度を評価する試験です。

(2) 学科試験

学科試験は、単に学問的な知識を試験するものではなく、作業の遂行に必要な正しい判断力及び知識の有無を判定することに主眼がおかれています。また、それぞれの等級における試験の概要は次表のとおりです。

この中で、真偽法は一つの問題文の正誤を回答する形式であり、五肢択一法及び四肢択一法は一つの問題文について複数の選択肢の中から一つを選択して回答する形式です。

■学科試験の概要

等級区分	試験の形式	問題数	試験時間
特　級	五肢択一法	50題	2時間
1　級	真偽法及び四肢択一法	50題	1時間40分
2　級	真偽法及び四肢択一法	50題	1時間40分
3　級	真偽法	30題	1時間
単一等級	真偽法及び四肢択一法	50題	1時間40分

3　技能検定の受検資格

技能検定を受検するには、原則として検定職種に関する実務の経験が必要で、その年数は職業訓練歴、学歴等により異なっています（別表1参照)。

この実務の経験の範囲には、現場での作業のみならず管理、監督、訓練、教育及び研究の業務や訓練又は教育を受けた期間が含まれます。

4　試験の実施日程

技能検定試験は職種ごとに前期、後期に分かれていますが、日程の概要は次のとおりです。

項	前　期	後　期
受付期間	4月上旬～中旬	10月上旬～中旬
実技試験	6月上旬～9月上旬	12月上旬～翌年2月中旬
学科試験	8月下旬～9月上旬の日曜日 3級は7月中旬～下旬の日曜日	翌年1月下旬～2月上旬の日曜日
合格発表	10月上旬、3級は8月下旬	翌年3月中旬

※日程の詳細については都道府県職業能力開発協会（連絡先等は別表2参照）にお問い合わせ下さい。

5　技能検定の実施体制

技能検定は厚生労働大臣が定めた、実施計画に基づいて行うものですが、その実施業務は、厚生労働大臣、都道府県知事、中央職業能力開発協会、都道府県職業能力開発協会等の間で分担されており、受検の受付及び試験の実施については、都道府県職業能力開発協会が行っています。

6　技能検定試験受検手数料

技能検定試験の受検手数料は「実技試験：18,200円」及び「学科試験：3,100円」を標準額として、職種ごとに各都道府県で決定しています（令和3年4月1日現在、都道府県知事が実施する111職種）。

なお、35歳未満の方は、2級又は3級の実技試験の受検手数料が最大9,000円減額されます。詳しくは都道府県職業能力開発協会にお問い合わせ下さい。

7　技能検定の合格者

技能検定の合格者には、厚生労働大臣名（特級、1級、単一等級）又は都道府県知事名等（2級、3級）の合格証明が交付され、技能士と称することができます。

別表1

技能検定の受検に必要な実務経験年数一覧

（都道府県知事が実施する検定職種）

（単位：年）

<table>
<tr><td colspan="2" rowspan="2">受検対象者
（※1）</td><td>特級</td><td colspan="3">1級</td><td colspan="2">2級</td><td rowspan="2">3級
（※7）</td><td rowspan="2">基礎級
（※7）</td><td rowspan="2">単一等級</td></tr>
<tr><td>1級合格後</td><td></td><td>2級合格後</td><td>3級合格後</td><td></td><td>3級合格後</td></tr>
<tr><td colspan="2">実務経験のみ</td><td rowspan="15">5</td><td>7</td><td rowspan="10">2</td><td rowspan="10">4</td><td>2</td><td rowspan="13">0</td><td>0 ※8</td><td>0 ※8</td><td>3</td></tr>
<tr><td colspan="2">専門高校卒業　※2
専修学校（大学入学資格付与課程に限る）卒業</td><td>6</td><td>0</td><td>0</td><td>0</td><td>1</td></tr>
<tr><td colspan="2">短大・高専・高校専攻科卒業　※2
専門職大学前期課程修了
専修学校（大学編入資格付与課程に限る）卒業</td><td>5</td><td>0</td><td>0</td><td>0</td><td>0</td></tr>
<tr><td colspan="2">大学卒業（専門職大学前期課程修了者を除く）　※2
専修学校（大学院入学資格付与課程に限る）卒業</td><td>4</td><td>0</td><td>0</td><td>0</td><td>0</td></tr>
<tr><td rowspan="3">専修学校　※3
又は各種学校卒業
（厚生労働大臣が指定したものに限る。）</td><td>800時間以上</td><td>6</td><td>0</td><td>0 ※9</td><td>0 ※9</td><td>1</td></tr>
<tr><td>1600時間以上</td><td>5</td><td>0</td><td>0 ※9</td><td>0 ※9</td><td>1</td></tr>
<tr><td>3200時間以上</td><td>4</td><td>0</td><td>0 ※9</td><td>0 ※9</td><td>0</td></tr>
<tr><td>短期課程の普通職業訓練修了 ※4 ※10</td><td>700時間以上</td><td>6</td><td>0</td><td>0 ※6</td><td>0 ※6</td><td>1</td></tr>
<tr><td rowspan="2">普通課程の普通職業訓練修了 ※4 ※10</td><td>2800時間未満</td><td>5</td><td>0</td><td>0</td><td>0</td><td>1</td></tr>
<tr><td>2800時間以上</td><td>4</td><td>0</td><td>0</td><td>0</td><td>0</td></tr>
<tr><td colspan="2">専門課程又は特定専門課程の高度職業訓練修了 ※4 ※10</td><td>3</td><td>1</td><td>2</td><td>0</td><td>0</td><td>0</td><td>0</td></tr>
<tr><td colspan="2">応用課程又は特定応用課程の高度職業訓練修了 ※10</td><td colspan="3">1</td><td>0</td><td>0</td><td>0</td><td>0</td></tr>
<tr><td colspan="2">長期課程又は短期養成課程の指導員訓練修了 ※10</td><td colspan="3">1 ※5</td><td>0 ※5</td><td>0</td><td>0</td><td>0</td></tr>
<tr><td colspan="2">職業訓練指導員免許取得</td><td colspan="3">1</td><td>—</td><td>—</td><td>—</td><td>—</td><td>0</td></tr>
<tr><td colspan="2">長期養成課程の指導員訓練修了 ※10</td><td colspan="3">0</td><td>0</td><td>0</td><td>0</td><td>0</td><td>0</td></tr>
</table>

※ 1：検定職種に関する学科、訓練科又は免許職種に限る。

※ 2：学校教育法による大学、短期大学又は高等学校と同等以上と認められる外国の学校又は他法令学校を卒業した者並びに独立行政法人大学改革支援・学位授与機構により学士の学位を授与された者は学校教育法に基づくそれぞれのものに準ずる。

※ 3：大学入学資格付与課程、大学編入資格付与課程及び大学院入学資格付与課程の専修学校を除く。

※ 4：職業訓練法の一部を改正する法律（昭和53年法律第40号）の施行前に、改正前の職業訓練法に基づく高等訓練課程又は特別高等訓練課程の養成訓練を修了した者は、それぞれ改正後の職業能力開発促進法に基づく普通課程の普通職業訓練又は専門課程の高度職業訓練を修了したものとみなす。また、職業能力開発促進法の一部を改正する法律(平成4年法律第67号)の施行前に、改正前の職業能力開発促進法に基づく専門課程の養成訓練を修了した者は、専門課程の高度職業訓練を修了したものとみなし、改正前の職業能力開発促進法に基づく普通課程の養成訓練又は職業転換課程の能力再開発訓練（いずれも800時間以上のものに限る。）を修了した者はそれぞれ改正後の職業能力開発促進法に基づく普通課程又は短期課程の普通職業訓練を修了したものとみなす。

※ 5：短期養成課程の指導員訓練のうち、実務経験者訓練技法習得コースの修了者については、訓練修了後に行われる能力審査（職業訓練指導員試験に合格した者と同等以上の能力を有すると職業能力開発総合大学校の長が認める審査）に合格しているものに限る。

※ 6：総訓練時間が700時間未満のものを含む。

※ 7：3級及び基礎級の技能検定については、上記のほか、検定職種に関する学科に在学する者及び検定職種に関する訓練科において職業訓練を受けている者も受検できる。また、3級の技能検定については工業高等学校に在学する者等であって、かつ、工業高等学校の教員等による検定職種に係る講習を受講し、当該講習の責任者から技能検定試験受検に際して安全衛生上の問題等がないと判定されたものも受検できる。

※ 8：検定職種に関し実務の経験を有する者について、受検資格を認めることとする。

※ 9：当該学校が厚生労働大臣の指定を受けたものであるか否かに関わらず、受検資格を付与する。

※10：職業能力開発促進法第92条に規定する職業訓練又は指導員訓練に準ずる訓練の修了者においても、修了した職業訓練又は指導員訓練の訓練課程に応じ、受検資格を付与する。

別表2

都道府県及び中央職業能力開発協会所在地一覧

（令和3年4月現在）

協会名	郵便番号	所在地	電話番号
北海道職業能力開発協会	003-0005	札幌市白石区東札幌5条1-1-2　北海道立職業能力開発支援センター内	011-825-2386
青森県職業能力開発協会	030-0122	青森市大字野尻字今田43-1　青森県立青森高等技術専門校内	017-738-5561
岩手県職業能力開発協会	028-3615	紫波郡矢巾町大字南矢幅10-3-1　岩手県立産業技術短期大学校内	019-613-4620
宮城県職業能力開発協会	981-0916	仙台市青葉区青葉町16-1	022-271-9917
秋田県職業能力開発協会	010-1601	秋田市向浜1-2-1　秋田県職業訓練センター内	018-862-3510
山形県職業能力開発協会	990-2473	山形市松栄2-2-1	023-644-8562
福島県職業能力開発協会	960-8043	福島市中町8-2　福島県自治会館5階	024-525-8681
茨城県職業能力開発協会	310-0005	水戸市水府町864-4　茨城県職業人材育成センター内	029-221-8647
栃木県職業能力開発協会	320-0032	宇都宮市昭和1-3-10　栃木県庁舎西別館	028-643-7002
群馬県職業能力開発協会	372-0801	伊勢崎市宮子町1211-1	0270-23-7761
埼玉県職業能力開発協会	330-0074	さいたま市浦和区北浦和5-6-5　埼玉県浦和合同庁舎5階	048-829-2802
千葉県職業能力開発協会	261-0026	千葉市美浜区幕張西4-1-10	043-296-1150
東京都職業能力開発協会	101-8527	千代田区内神田1-1-5　東京都産業労働局神田庁舎5階	03-6631-6052
神奈川県職業能力開発協会	231-0026	横浜市中区寿町1-4　かながわ労働プラザ6階	045-633-5419
新潟県職業能力開発協会	950-0965	新潟市中央区新光町15-2　新潟県公社総合ビル4階	025-283-2155
富山県職業能力開発協会	930-0094	富山市安住町7-18　安住町第一生命ビル2階	076-432-9887
石川県職業能力開発協会	920-0862	金沢市芳斉1-15-15　石川県職業能力開発プラザ3階	076-262-9020
福井県職業能力開発協会	910-0003	福井市松本3-16-10　福井県職員会館ビル4階	0776-27-6360
山梨県職業能力開発協会	400-0055	甲府市大津町2130-2	055-243-4916
長野県職業能力開発協会	380-0836	長野市大字南長野南県町688-2　長野県婦人会館3階	026-234-9050
岐阜県職業能力開発協会	509-0109	各務原市テクノプラザ1-18　岐阜県人材開発支援センター内	058-260-8686
静岡県職業能力開発協会	424-0881	静岡市清水区楠160	054-345-9377
愛知県職業能力開発協会	451-0035	名古屋市西区浅間2-3-14　愛知県職業訓練会館内	052-524-2034
三重県職業能力開発協会	514-0004	津市栄町1-954　三重県栄町庁舎4階	059-228-2732
滋賀県職業能力開発協会	520-0865	大津市南郷5-2-14	077-533-0850
京都府職業能力開発協会	612-8416	京都市伏見区竹田流池町121-3　京都府立京都高等技術専門校内	075-642-5075
大阪府職業能力開発協会	550-0011	大阪市西区阿波座2-1-1　大阪本町西第一ビルディング6階	06-6534-7510
兵庫県職業能力開発協会	650-0011	神戸市中央区下山手通6-3-30　兵庫勤労福祉センター1階	078-371-2091
奈良県職業能力開発協会	630-8213	奈良市登大路町38-1　奈良県中小企業会館2階	0742-24-4127
和歌山県職業能力開発協会	640-8272	和歌山市砂山南3-3-38　和歌山技能センター内	073-425-4555
鳥取県職業能力開発協会	680-0845	鳥取市富安2-159　久本ビル5階	0857-22-3494
島根県職業能力開発協会	690-0048	松江市西嫁島1-4-5　SPビル2階	0852-23-1755
岡山県職業能力開発協会	700-0824	岡山市北区内山下2-3-10　アマノビル3階	086-225-1547
広島県職業能力開発協会	730-0052	広島市中区千田町3-7-47　広島県情報プラザ5階	082-245-4020
山口県職業能力開発協会	753-0051	山口市旭通り2-9-19　山口建設ビル3階	083-922-8646
徳島県職業能力開発協会	770-8006	徳島市新浜町1-1-7	088-663-2316
香川県職業能力開発協会	761-8031	高松市郷東町587-1　地域職業訓練センター内	087-882-2854
愛媛県職業能力開発協会	791-1101	松山市久米窪田町487-2　愛媛県産業技術研究所　管理棟2階	089-993-7301
高知県職業能力開発協会	781-5101	高知市布師田3992-4	088-846-2300
福岡県職業能力開発協会	813-0044	福岡市東区千早5-3-1　福岡人材開発センター2階	092-671-1238
佐賀県職業能力開発協会	840-0814	佐賀市成章町1-15	0952-24-6408
長崎県職業能力開発協会	851-2127	西彼杵郡長与町高田郷547-21	095-894-9971
熊本県職業能力開発協会	861-2202	上益城郡益城町田原2081-10　電子応用機械技術研究所内	096-285-5818
大分県職業能力開発協会	870-1141	大分市大字下宗方字古川1035-1	097-542-3651
宮崎県職業能力開発協会	889-2155	宮崎市学園木花台西2-4-3	0985-58-1570
鹿児島県職業能力開発協会	892-0836	鹿児島市錦江町9-14	099-226-3240
沖縄県職業能力開発協会	900-0036	那覇市西3-14-1	098-862-4278
中央職業能力開発協会	160-8327	新宿区西新宿7-5-25　西新宿プライムスクエア11階	03-6758-2859

塗装

実技試験問題

平成31年度 技能検定
2級 塗装(建築塗装作業)
実技試験問題

次の注意事項及び仕様に従って、課題1、課題2及び課題3を行いなさい。

1 試験時間

	標準時間	打切り時間
課題1		下吹き3分 模様付け2分
課題2	4時間30分	4時間50分
課題3		3分

2 注意事項

(1) 支給された材料の品名、数量等が「4 支給材料」のとおりであることを確認すること。

(2) 支給された材料に異常がある場合は、申し出ること。

(3) 試験開始後は、原則として、支給材料の再支給はしない。

(4) 使用工具等は、「使用工具等一覧表」で指定したもの以外のものは、使用しないこと。

(5) 試験中は、工具等の貸し借りを禁止する。

(6) 作業時の服装等は、作業に適したものであること。

(7) 調色作業及び調合作業は、工程に関係なく任意に行ってもよい。

(8) 試験開始後、2時間経過したのち、1時間の休憩が一斉に与えられる。

(9) 標準時間を超えて作業を行った場合は、超過時間に応じて減点される。

(10) 作業が終了したら、技能検定委員に申し出ること。ただし、養生撤去及び清掃は、作業時間に含むものとする。

(11) **この問題には、事前に書き込みをしないこと。また、試験中は、他の用紙にメモしたものや参考書等を参照することは禁止とする。**

(12) 試験中は、携帯電話(電卓機能の使用を含む。)等の使用を禁止とする。

(13) 工具等の取扱いについて、けが等を招くおそれがある危険な行為であると技能検定委員が判断した場合、試験中にその旨を注意することがある。

さらに、当該注意を受けてもなお危険な行為を続けた場合、試験を中止し、かつ失格とする。ただし、緊急性を伴うと判断した場合は、注意を挟まず即中止(失格)とすることがある。

3　仕様

3−1　課題1　合成樹脂エマルション系複層塗材塗装作業

次の注意事項及び工程に従って、支給されたラワン合板のシーラーが塗装された表面の指定部分に、用意された合成樹脂エマルション系複層塗材(複層塗材E)の主材を吹き付けなさい。
なお、吹付けは、板を立て掛けた状態で行うこと。

(1)　注意事項

イ　複層塗材E(主材)の吹付け作業は、技能検定委員の指示に従い、下吹き3分以内、模様付け2分以内に行うこと。

ロ　タイルガンのノズルは、下吹きと模様付けで使い分けること。

ハ　タイルガンには、試し吹き、下吹き及び模様付けに必要な複層塗材E(主材)1.0kg程度が入る目印線が付けてあること。

ニ　複層塗材Eをタイルガンからこぼさないこと。(ただし、ノズル交換時にノズル口からこぼれるものは除く。)

(2)　工程

①下吹き

①−1　ノズルの選択　：　用意された2種類のノズルから、下吹きに適したものを選択し、タイルガンに取り付けること。

①−2　塗材準備　：　試し吹き及び下吹きに必要な複層塗材E(主材)を、容器からひしゃくを使用して、1kgの目印線までタイルガンに入れること。

①−3　吹付け空気圧力の調整　：　空気圧力調整器によって、吹付け空気圧力を適正な圧力に調整すること。

①−4　試し吹き　：　用意された試し吹き用紙に、複層塗材E(主材)を使用して、下吹きの試し吹きをすること。
(エアを停止し、課題の吹付け作業に移行すること。)

①−5　下吹き　：　支給された合板のシーラーが塗装された表面の指定部分に、複層塗材E(主材)を吹き付けること。

②乾燥

③模様付け

③−1　ノズルの選択　：　用意された2種類のノズルから、模様付けに適したものを選択し、タイルガンに取り付けること。

③−2　塗材準備　：　試し吹き及び模様付けに必要な複層塗材E(主材)を、容器からひしゃくを使用して、1kgの目印線までタイルガンに入れること。

③−3　模様付け空気圧力の調整　：　空気圧力調整器によって、模様付け空気圧力を適正な圧力に調整すること。

③−4　試し吹き　：　用意された試し吹き用紙に、複層塗材E(主材)を使用して、模様付けの試し吹きをすること。
(エアを停止し、課題の吹付け作業に移行すること。)

③−5　模様付け　：　下吹きをした合板の表面に、複層塗材E(主材)を使用して、完成見本の模様になるように吹き付けること。

課題1　合成樹脂エマルション系複層塗材塗装作業　課題図

注１　(　　)の数値は、およその寸法
注２　作業をするときには、10mm を上、30mm を下にして行うこと。

3−2　課題2　つや有合成樹脂エマルションペイント塗装作業並びに合成樹脂エマルションペイント塗装作業

次の注意事項及び工程に従って、支給されたラワン合板に5ページ*の課題図のように区画線を引き、調色したA色のつや有合成樹脂エマルションペイント及び調色したB色の合成樹脂エマルションペイントを使用して上塗りを行いなさい。　＊本書ではP.16

なお、作業は、板を立て掛けた状態で行うこと。ただし、作業中の板を適宜天地替えしても差し支えないこと。また、汚れ・付着物除去、パテしごき、パテ地付け、研磨及び線描き作業は、平面にして行ってもよいこと。

なお、平面にして行う作業では持参した「平面用作業台」を使用して行うこと。

(1)　注意事項

イ　塗り分けの区画線(寸法取りの線)の線描きは、縦方向については下端から、横方向については左端から行うこと。

ロ　塗り分けの区画線は、残して上塗りすること。

ハ　上塗りにマスキングテープ及び定規を使用しないこと。

ニ　上塗りのはけ目は、A色は刷毛で、B色はローラーブラシ及びだみ分け・すみ切り用筋かい刷毛で、いずれも縦方向に通すこと。ただし、下部（100×700mm）のA色については、上塗りの刷毛目を横方向に通すこと。

ホ　調色は、各課題の進捗状況に応じて行うこと。つや有合成樹脂エマルションペイントA色は、調色半ばであっても、中塗りとしてよいこと。

(2)　工程

① 汚れ・付着物除去：素地のまま残す部分を除いて、研磨紙等で、ごみ、汚れ等を除去し、清浄な面とすること。

② パテしごき：素地のまま残す部分を除いて、合成樹脂エマルションパテにより、全面へらしごきをすること。

③ 研磨：パテしごき面を、研磨紙P220により、研磨紙ずりをすること。

④ パテ地付け：パテしごき面を、合成樹脂エマルションパテにより、へらで下地付けをすること。

⑤ 研磨：パテ地付けのまま残す部分を除いて、研磨紙P220により、研磨紙ずりをすること。

⑥ 下塗り：素地及びパテ地付けのまま残す部分を除いて、シーラーにより、刷毛塗り1回をすること。

⑦ 研磨：下塗りした面を、研磨紙P220により、研磨紙ずりをすること。

⑧ 線描き：持参した定規、ものさし、コンパス及び鉛筆により、課題図に示す寸法で区画線を描くこと。

⑨ 中塗り：つや有合成樹脂エマルションペイントA色(近似色可)を課題図に示す区画線を残し、中塗り1回刷毛塗りすること。同時に、色見本板の指定する部分に中塗りすること。

⑩ 色見本板塗り：A色・B色それぞれの調色作業が終了したら、検定委員の立会いで、色見本板の指定する部分にA色は刷毛で2回目を塗り、B色はローラーブラシで1回塗り仕上げをすること。

⑪ 上塗り：調色したA色のつや有合成樹脂エマルションペイントとB色の合成樹脂エマルションペイントにより、課題図に示すように区画線を残してA色は刷毛で2回目を塗り、B色はローラーブラシ及びだみ分け・すみ切り用筋かい刷毛で1回塗り仕上げをすること。

課題2　つや有合成樹脂エマルションペイント塗装作業並びに合成樹脂エマルションペイント塗装作業　課題図

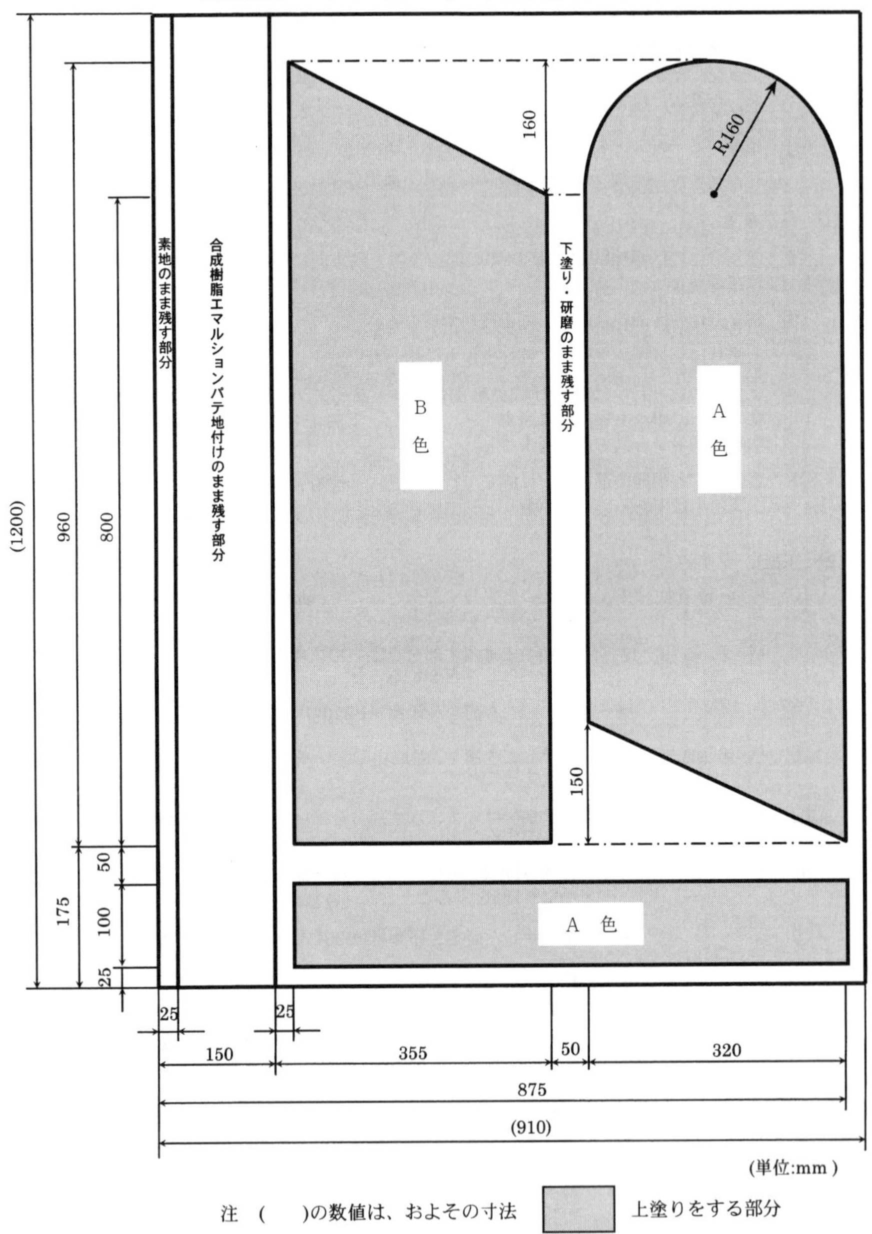

注　(　　)の数値は、およその寸法　　上塗りをする部分

3−3　課題3　スプレーパターン作成作業

次の注意事項及び工程に従って、用意された合成樹脂エマルションペイントにより、所定の用紙にスプレーパターンを作成しなさい。

(1)　注意事項

スプレーパターン作成作業については、技能検定委員の指示に従い、3分以内に行うこと。

(2)　工程

①	吹付け空気圧力の調整	：	空気圧力調整器によって、吹付け空気圧力を適正な圧力に調整すること。
②	試し吹き	：	エアスプレーガンにより、用意された試し吹き用紙に、試し吹きをすること。
③	スプレーパターンの作成	：	下図に示すように、所定の用紙に、見本に示すとおりの配置で噴出量調整のパターン及びパターン開き調整のパターンを作成すること。ただし、噴出量調整は、エア調整では行わないこと。

噴出量調整のパターン

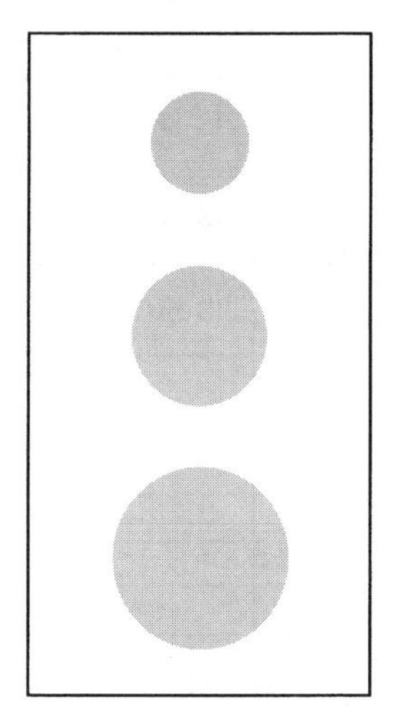

パターン開き調整のパターン

4　支給材料

<table>
<tr><th>品名</th><th>寸法又は規格</th><th>数量</th><th>備考</th></tr>
<tr><td rowspan="2">ラワン合板</td><td>620×910×9 (mm)
(顔料入りシーラー塗装済み)</td><td>1</td><td>課題1用</td></tr>
<tr><td>910×1200×9 (mm)</td><td>1</td><td>課題2用</td></tr>
<tr><td rowspan="5">合成樹脂
エマルションペイント</td><td>白　1/4ℓ
JIS K 5663</td><td>1</td><td></td></tr>
<tr><td>茶　1/24ℓ
JIS K 5663</td><td>1</td><td>(赤さび色)</td></tr>
<tr><td>黒　1/24ℓ
JIS K 5663</td><td>1</td><td>つや無し</td></tr>
<tr><td>青　1/24ℓ
JIS K 5663</td><td>1</td><td></td></tr>
<tr><td>黄色　1/24ℓ
JIS K 5663</td><td>1</td><td></td></tr>
<tr><td rowspan="5">つや有合成樹脂
エマルションペイント</td><td>白　1/3ℓ
JIS K 5660</td><td>1</td><td>JIS 適合品</td></tr>
<tr><td>茶　1/24ℓ
JIS K 5660</td><td>1</td><td>(赤さび色)　JIS 適合品</td></tr>
<tr><td>黒　1/24ℓ
JIS K 5660</td><td>1</td><td>JIS 適合品</td></tr>
<tr><td>青　1/24ℓ
JIS K 5660</td><td>1</td><td>JIS 適合品</td></tr>
<tr><td>黄色　1/24ℓ
JIS K 5660</td><td>1</td><td>JIS 適合品</td></tr>
<tr><td>合成樹脂エマルションパテ</td><td>一般形うす塗り用　600g
JIS K 5669</td><td>1</td><td></td></tr>
<tr><td>シーラー(顔料入)</td><td>合成樹脂エマルション系　1/4ℓ</td><td>1</td><td></td></tr>
<tr><td>研磨紙</td><td>P220</td><td>1</td><td></td></tr>
<tr><td>色見本板</td><td>100×200×4 (mm)</td><td>2</td><td>課題2用</td></tr>
</table>

2級 塗装（建築塗装作業）実技試験使用工具等一覧

1　受検者が持参するもの

品名	寸法又は規格	数量	備考
容器	180mℓ程度	3	空き缶など(色合わせ用)
		3	下げ缶(塗装用)
平刷毛又は筋かい刷毛	80mm以上	1	シーラー用 (ダスター刷毛は不可)
平刷毛又は筋かい刷毛	40mm以上90mm以下	2	水性用 刷毛の種類はいずれでもよい
筋かい刷毛	30mm程度	5	水性用だみ分け
	15mm程度又は9mm程度	5	水性用すみ分け
パテ用へら	200mm以下	1	調整済みですぐ使えるへら (木・金属・プラスチック製のいずれでもよい)
調合用へら	30mm程度	1	木べら又は金べら
ダスター刷毛		1	清掃用
手定盤		1	
ウエス	手ぬぐい大程度	適宜	
かくはん棒		適宜	割りばしでもよい
養生用具	ポリマスカー等	適宜	床養生、その他の養生ができるもの
カッター又はハサミ		1	養生用
ペイント缶のふたをあけるもの		1	くぎでもよい
測定用ものさし	1m以下(検定済のもの)	1	JISマーク付きのもの 線引き用定規として使用可
線引き用定規	1m程度	適宜	
コンパス		1	半径160mmの円が描けるもの
鉛筆及び消しゴム	鉛筆はHBに限定	適宜	
マスキングテープ	幅18mm程度	1	
小板		適宜	調色試し塗り用
ローラーブラシ	幅100mm中毛のもの	1	課題2 上塗り用 スモールローラー可
ろ過用具		適宜	塗料をこすもの
平面用作業台	ラワン合板への塵・埃の付着防止のため、ラワン合板の床直置きを避けられるもの	適宜	課題2用
作業服等		一式	作業帽及び作業靴を含む
手袋		適宜	軍手でも可
飲料		適宜	熱中症対策、水分補給用
ふた付きバケツ又はペール缶		適宜	試験中に出た汚水等を受検者が持ち帰るのに使用するもの (試験会場により必要な場合に持参すること)

注1　使用工具等の種類は、上記のものに限るが、同一種類のものを予備として持参することは差し支えない。
注2　「飲料」については、試験会場の状況や天候等を考慮の上、持参すること。

2　試験場に準備されているもの

品名	寸法又は規格	数量	備考
噴霧塗装設備		1試験場当たり 1以上	エアホース、空気圧力調整器
タイルガン	重力式ノズル口径 5.5mm 8mm	1試験場当たり 1組以上	複層塗材E吹付け用 1組　5.5mm …………1 8 mm …………1
エアスプレーガン	重力式ノズル口径 1.5mm	1試験場当たり 1以上	スプレーパターン作成用
完成見本		1試験場当たり 1セット以上	1セット　課題1用板 ………1 課題2用板 ………1 課題3用紙 ………2
複層塗材E(主材) (下吹き用)	JIS A 6909	受検者1名当たり 1.0kg	課題1用 … 調色し、きしゃく水で調整済みのもの
複層塗材E(主材) (模様付け用)	JIS A 6909	受検者1名当たり 1.0kg	課題1用 … きしゃく水で調整済みのもの
合成樹脂エマルションペイント	JIS K 5663	受検者1名当たり 30mℓ	課題3用 … 調色し、きしゃく水で調整済みのもの
紙	450×900 (mm)	受検者1名当たり 1	複層塗材E　試し吹き用 ロールペーパー
	B4判	受検者1名当たり 3	スプレーパターン作成の 試し吹き用わら半紙 ……1 スプレーパターン作成用 わら半紙 ……2
トレイ		受検者1名当たり 1	ローラーブラシ用
ひしゃく		1試験場当たり 1以上	

平成31年度 技能検定
1級 塗装(建築塗装作業)
実技試験問題

次の注意事項及び仕様に従って、課題1、課題2及び課題3を行いなさい。

1 試験時間

	標準時間	打切り時間
課題1		下吹き3分 模様付け2分
課題2	4時間30分	4時間50分
課題3		3分

2 注意事項

(1) 支給された材料の品名、数量等が「4 支給材料」のとおりであることを確認すること。

(2) 支給された材料に異常がある場合は、申し出ること。

(3) 試験開始後は、原則として、支給材料の再支給はしない。

(4) 使用工具等は、「使用工具等一覧表」で指定したもの以外のものは、使用しないこと。

(5) 試験中は、工具等の貸し借りを禁止する。

(6) 作業時の服装等は、作業に適したものであること。

(7) 調色作業及び調合作業は、工程に関係なく任意に行ってもよい。

(8) 試験開始後、2時間経過したのち、1時間の休憩が一斉に与えられる。

(9) 標準時間を超えて作業を行った場合は、超過時間に応じて減点される。

(10) 作業が終了したら、技能検定委員に申し出ること。ただし、養生撤去及び清掃は、作業時間に含むものとする。

(11) **この問題には、事前に書き込みをしないこと。また、試験中は、他の用紙にメモしたものや参考書等を参照することは禁止とする。**

(12) 試験中は、携帯電話(電卓機能の使用を含む。)等の使用を禁止とする。

(13) 工具等の取扱いについて、けが等を招くおそれがある危険な行為であると技能検定委員が判断した場合、試験中にその旨を注意することがある。

さらに、当該注意を受けてもなお危険な行為を続けた場合、試験を中止し、かつ失格とする。ただし、緊急性を伴うと判断した場合は、注意を挟まず即中止(失格)とすることがある。

3　仕様

3－1　課題1　合成樹脂エマルション系複層塗材塗装作業

次の注意事項及び工程に従って、支給されたラワン合板のシーラーが塗装された表面の指定部分に、用意された合成樹脂エマルション系複層塗材(複層塗材E)の主材を吹き付けなさい。
なお、吹付け及び凸部押さえは、板を立て掛けた状態で行うこと。

(1)　注意事項

イ　複層塗材E(主材)の吹付け作業は、技能検定委員の指示に従い、下吹き3分以内、模様付け2分以内に行うこと。

ロ　タイルガンのノズルは、下吹きと模様付けで使い分けること。

ハ　タイルガンには、試し吹き、下吹き及び模様付けに必要な複層塗材E(主材)1.0kg程度が入る目印線が付けてあること。

ニ　複層塗材Eをタイルガンからこぼさないこと。(ただし、ノズル交換時にノズル口からこぼれるものは除く。)

(2)　工程

①下吹き

①－1　ノズルの選択　：　用意された2種類のノズルから、下吹きに適したものを選択し、タイルガンに取り付けること。

①－2　塗材準備　：　試し吹き及び下吹きに必要な複層塗材E(主材)を、容器からひしゃくを使用して、1kgの目印線までタイルガンに入れること。

①－3　吹付け空気圧力の調整　：　空気圧力調整器によって、吹付け空気圧力を適正な圧力に調整すること。

①－4　試し吹き　：　用意された試し吹き用紙に、複層塗材E(主材)を使用して、下吹きの試し吹きをすること。
(エアを停止し、課題の吹付け作業に移行すること。)

①－5　下吹き　：　支給された合板のシーラーが塗装された表面の指定部分に、複層塗材E(主材)を吹き付けること。

②乾燥

③模様付け

③－1　ノズルの選択　：　用意された2種類のノズルから、模様付けに適したものを選択し、タイルガンに取り付けること。

③－2　塗材準備　：　試し吹き及び模様付けに必要な複層塗材E(主材)を、容器からひしゃくを使用して、1kgの目印線までタイルガンに入れること。

③－3　模様付け空気圧力の調整　：　空気圧力調整器によって、模様付け空気圧力を適正な圧力に調整すること。

③－4　試し吹き　：　用意された試し吹き用紙に、複層塗材E(主材)を使用して、模様付けの試し吹きをすること。
(エアを停止し、課題の吹付け作業に移行すること。)

③－5　模様付け　：　下吹きをした合板の表面に、複層塗材E(主材)を使用して、完成見本の模様になるように吹き付けること。

④凸部押さえ　：　凸部押さえローラーを使用して、吹き付けた複層塗材E(主材)の凸部を完成見本の模様になるように押さえること。

課題1　合成樹脂エマルション系複層塗材塗装作業　課題図

注１　(　　)の数値は、およその寸法
注２　作業をするときには、10mm を上、30mm を下にして行うこと。

3−2　課題2　つや有合成樹脂エマルションペイント塗装作業並びに合成樹脂エマルションペイント塗装作業

次の注意事項及び工程に従って、支給されたラワン合板に5ページ*の課題図のように区画線を引き、調色したA色、C色の2色のつや有合成樹脂エマルションペイント及び調色したB色の合成樹脂エマルションペイントを使用して上塗りを行いなさい。　＊本書ではP.25

なお、作業は、板を立て掛けた状態で行うこと。ただし、作業中の板を適宜天地替えしても差し支えないこと。また、汚れ・付着物除去、パテしごき、パテ地付け、研磨及び線描き作業は、平面にして行ってもよいこと。

なお、平面にして行う作業では持参した「平面用作業台」を使用して行うこと。

(1)　注意事項

イ　塗り分けの区画線(寸法取りの線)の線描きは、縦方向については下端から、横方向については左端から行うこと。

ロ　塗り分けの区画線は、残して上塗りすること。

ハ　上塗りにマスキングテープ及び定規を使用しないこと。

ニ　上塗りは、A色及びC色は刷毛で、B色はローラーブラシ及びだみ分け・すみ切り用筋かい刷毛で、いずれも縦方向に通すこと。

ホ　調色は、各課題の進捗状況に応じて行うこと。つや有合成樹脂エマルションペイントA色・C色は、調色半ばであっても、中塗りとして使用してもよいこと。

(2)　工程

① 汚れ・付着物除去 ： 素地のまま残す部分を除いて、研磨紙等で、ごみ、汚れ等を除去し、清浄な面とすること。

② パテしごき ： 素地のまま残す部分を除いて、合成樹脂エマルションパテにより、全面へらしごきをすること。

③ 研磨 ： パテしごき面を、研磨紙P220により、研磨紙ずりをすること。

④ パテ地付け ： パテしごき面を、合成樹脂エマルションパテにより、へらで下地付けをすること。

⑤ 研磨 ： パテ地付けのまま残す部分を除いて、研磨紙P220により、研磨紙ずりをすること。

⑥ 下塗り ： 素地及びパテ地付けのまま残す部分を除いて、シーラーにより、刷毛塗り1回をすること。

⑦ 研磨 ： 下塗りした面を、研磨紙P220により、研磨紙ずりをすること。

⑧ 線描き ： 持参した定規、ものさし、コンパス及び鉛筆により、課題図に示す寸法で区画線を描くこと。

⑨ 中塗り ： つや有合成樹脂エマルションペイントA色・C色(近似色可)を課題図に示す区画線を残し、中塗り1回刷毛塗りすること。同時に、色見本板の指定する部分に中塗りすること。

⑩ 色見本板塗り ： A色・B色・C色それぞれの調色作業が終了したら、検定委員の立会いで、色見本板の指定する部分にA色・C色は刷毛で2回目を塗り、B色はローラーブラシで1回塗り仕上げをすること。

⑪ 上塗り ： 調色したA色・C色のつや有合成樹脂エマルションペイントとB色の合成樹脂エマルションペイントにより、課題図に示すように区画線を残してA色・C色は刷毛で2回目を塗り、B色はローラーブラシ及びだみ分け・すみ切り用筋かい刷毛で1回塗り仕上げをすること。

課題2　つや有合成樹脂エマルションペイント塗装作業並びに合成樹脂エマルションペイント塗装作業　課題図

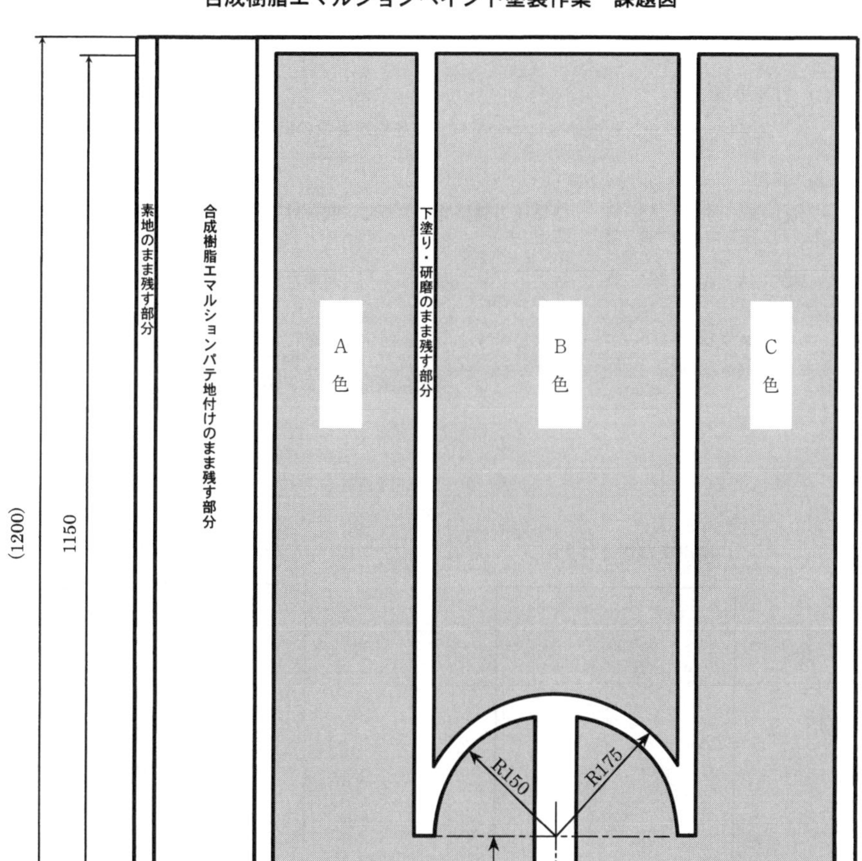

3−3　課題3　スプレーパターン作成作業

次の注意事項及び工程に従って、用意された合成樹脂エマルションペイントにより、所定の用紙にスプレーパターンを作成しなさい。

(1)　注意事項

スプレーパターン作成作業については、技能検定委員の指示に従い、3分以内に行うこと。

(2)　工程

①　吹付け空気圧力の調整：空気圧力調整器によって、吹付け空気圧力を適正な圧力に調整すること。

②　試し吹き：エアスプレーガンにより、用意された試し吹き用紙に、試し吹きをすること。

③　スプレーパターンの作成：下図に示すように、所定の用紙に、見本に示すとおりの配置で噴出量調整のパターン及びパターン開き調整のパターンを作成すること。ただし、噴出量調整は、エア調整では行わないこと。

噴出量調整のパターン

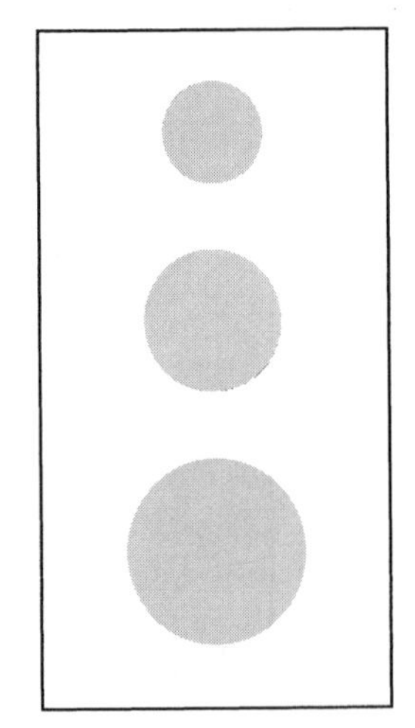

パターン開き調整のパターン

4　支給材料

品名	寸法又は規格	数量	備考
ラワン合板	620×910×9 (mm) (顔料入りシーラー塗装済み)	1	課題1用
	910×1200×9 (mm)	1	課題2用
合成樹脂エマルションペイント	白　1/4ℓ JIS K 5663	1	
	茶　1/24ℓ JIS K 5663	1	(赤さび色)
	黒　1/24ℓ JIS K 5663	1	つや無し
	青　1/24ℓ JIS K 5663	1	
	黄色　1/24ℓ JIS K 5663	1	
つや有合成樹脂エマルションペイント	白　1/3ℓ JIS K 5660	1	JIS 適合品
	茶　1/24ℓ JIS K 5660	1	(赤さび色)　JIS 適合品
	黒　1/24ℓ JIS K 5660	1	JIS 適合品
	青　1/24ℓ JIS K 5660	1	JIS 適合品
	黄色　1/24ℓ JIS K 5660	1	JIS 適合品
合成樹脂エマルションパテ	一般形うす塗り用　600g JIS K 5669	1	
シーラー（顔料入）	合成樹脂エマルション系　1/4ℓ	1	
研磨紙	P220	1	
色見本板	100×200×4 (mm)	3	課題2用

1級 塗装（建築塗装作業）実技試験使用工具等一覧表

1　受検者が持参するもの

品名	寸法又は規格	数量	備考
容器	180mℓ程度	4	空き缶など(色合わせ用)
		4	下げ缶(塗装用)
平刷毛又は筋かい刷毛	80mm以上	1	シーラー用 (ダスター刷毛は不可)
平刷毛又は筋かい刷毛	40mm以上90mm以下	4	水性用 刷毛の種類はいずれでもよい
筋かい刷毛	30mm程度	5	水性用だみ分け
	15mm程度又は9mm程度	5	水性用すみ切り
パテ用へら	200mm以下	1	調整済みですぐ使えるへら (木・金属・プラスチック製のいずれでもよい)
調合用へら	30mm程度	1	木べら又は金べら
ダスター刷毛		1	清掃用
手定盤		1	
ウエス	手ぬぐい大程度	適宜	
かくはん棒		適宜	割りばしでもよい
養生用具	ポリマスカー等	適宜	床養生、その他の養生ができるもの
カッター又はハサミ		1	養生用
ペイント缶のふたをあけるもの		1	くぎでもよい
測定用ものさし	1m以下(検定済のもの)	1	JISマーク付きのもの 線引き用定規として使用可
線引き用定規	1m程度	適宜	
コンパス		1	半径175mmの円が描けるもの
鉛筆及び消しゴム	鉛筆はHBに限定	適宜	
マスキングテープ	幅18mm程度	1	
小板		適宜	調色試し塗り用
凸部押さえローラー	プラスチック製 幅約180mm～230mm	1	課題1用　スモールローラー可
ローラーブラシ	幅100mm中毛のもの	1	課題2 上塗り用　スモールローラー可
平面用作業台	ラワン合板への塵・埃の付着防止のため、ラワン合板の床直置きを避けられるもの	適宜	課題2用
ろ過用具		適宜	塗料をこすもの
作業服等		一式	作業帽及び作業靴を含む
手袋		適宜	軍手でも可
飲料		適宜	熱中症対策、水分補給用
ふた付きバケツ又はペール缶		適宜	試験中に出た汚水等を受検者が持ち帰るのに使用するもの (試験会場により必要な場合に持参すること)

注1　使用工具等の種類は、上記のものに限るが、同一種類のものを予備として持参することは差し支えない。
注2　「飲料」については、試験会場の状況や天候等を考慮の上、持参すること。

2　試験場に準備されているもの

品名	寸法又は規格	数量	備考
噴霧塗装設備		1試験場当たり 1以上	エアホース、空気圧力調整器
タイルガン	重力式ノズル口径 5.5mm 8mm	1試験場当たり 1組以上	複層塗材E吹付け用 1組　5.5mm …………1 8 mm …………1
エアスプレーガン	重力式ノズル口径 1.5mm	1試験場当たり 1以上	スプレーパターン作成用
完成見本		1試験場当たり 1セット以上	1セット　課題1用板 ………1 課題2用板 ………1 課題3用紙 ………2
複層塗材E(主材) (下吹き用)	JIS A 6909	受検者1名当たり 1.0kg	課題1用 … 調色し、きしゃく水で調整済みのもの
複層塗材E(主材) (模様付け用)	JIS A 6909	受検者1名当たり 1.0kg	課題1用 … きしゃく水で調整済みのもの
塗料用シンナー		受検者1名当たり 1/4ℓ	課題1用 … 複層塗材E(主材)の凸部押さえ用
合成樹脂エマルションペイント	JIS K 5663	受検者1名当たり 30mℓ	課題3用 … 調色し、きしゃく水で調整済みのもの
紙	450×900 (mm)	受検者1名当たり 1	複層塗材E　試し吹き用 ロールペーパー
	B4判	受検者1名当たり 3	スプレーパターン作成の 試し吹き用わら半紙 ……1 スプレーパターン作成用 わら半紙 ……2
トレイ		受検者1名当たり 1	ローラーブラシと凸部押さえローラーに兼用できるもの
ひしゃく		1試験場当たり 1以上	

平成31年度 技能検定
2級 塗装(金属塗装作業)
実技試験問題

次の注意事項及び仕様に従い、ラッカーエナメル塗装作業を行いなさい。

1 試験時間

標準時間　　4時間
打切り時間　4時間30分

2 注意事項

(1) 支給された材料の品名、数量等が「4 支給材料」のとおりであることを確認すること。
(2) 支給された材料に異常がある場合は、申し出ること。
(3) 試験開始後は、原則として支給材料の再支給はしない。
(4) 使用工具等は、「使用工具等一覧表」で指定したもの以外のものは、使用しないこと。
(5) 試験中は、工具等の貸し借りを禁止する。
(6) 作業時の服装等は、作業に適したものであること。(作業帽、作業靴、有機溶剤用防毒マスク、保護手袋等を含む。)
(7) 作業は、試験場内を材料等で汚損しないように行うこと。
(8) 調色用見本板は、試験開始直前に配付する。
(9) 中塗りした後のひろいパテは、禁止する。
(10) パテ付けする場合には、マスキングテープを使用しないこと。
(11) パテ付けのへらの扱いが著しく不適当な場合は、減点される。
(12) スプレーガンの運行が著しく不適当な場合は、減点される。
(13) 標準時間を超えて作業を行った場合は、超過時間に応じて減点される。
(14) 作業(後片付け等も含む)が終了したら、技能検定委員に申し出ること。
(15) **この問題には、事前に書き込みをしないこと。また、試験中には、他の用紙にメモをしたものや参考書等を参照することは禁止とする。**
(16) 試験中は、携帯電話(電卓機能の使用を含む。)等の使用を禁止とする。
(17) 工具等の取扱いについて、けが等を招くおそれがある危険な行為であると技能検定委員が判断した場合、試験中にその旨を注意することがある。
　さらに、当該注意を受けてもなお危険な行為を続けた場合、試験を中止し、かつ失格とする。ただし、緊急性を伴うと判断した場合は、注意を挟まず即中止(失格)とすることがある。

3　仕様

(1)　次の工程に従って、支給された被塗装物のスポット溶接してあるA・C面の全面をパテ付けし、ラッカーエナメルの吹付け塗り仕上げを行いなさい。

なお、支給されたマスキングテープを使用して、3ページの図及び工程表に示すとおり*、工程ごとの塗面をそれぞれ50mm、100mm幅残すようにすること。ただし、マスキングテープは、作品の提出時に全部はがしておくこと。

＊本書ではP.32

(2)　工程

1　脱脂	ラッカーシンナーを使用して、脱脂すること。
2　素地調整	研磨布P100を使用して、溶接部と周辺のばり取り及び表面のさび落としを行うこと。
3　下塗り	ラッカープライマーを使用して、表面の吹付け塗りを1回行うこと。 室温により自然乾燥させること。
4　パテ付け	ラッカーパテを使用して、溶接してあるA・C面の全面をパテ付けすること。 室温により自然乾燥させること。
5　とぎ	耐水研磨紙P240を使用して、パテの水とぎを行うこと。
6　中塗り	ラッカーサーフェーサーを使用して、吹付け塗りを1回行うこと。 室温により自然乾燥させること。
7　とぎ	耐水研磨紙P400を使用して、水とぎを行うこと。
8　上塗り	ラッカーエナメルを使用して、吹付け塗り2回仕上げを行うこと。 室温により自然乾燥させること。 ただし、ラッカーエナメルで1回目を吹付け塗りした後、中とぎをすることは、受検者の自由とする。

(3)　次の作業は、(2)の工程に関係なく作業中随時行ってよいこと。

イ　調色	ラッカーエナメルを使用して、配付された調色用見本板と同色に仕上がるように調色すること。
ロ　調合	ラッカーエナメルを吹付け塗りできるように調合すること。

試験用被塗装物

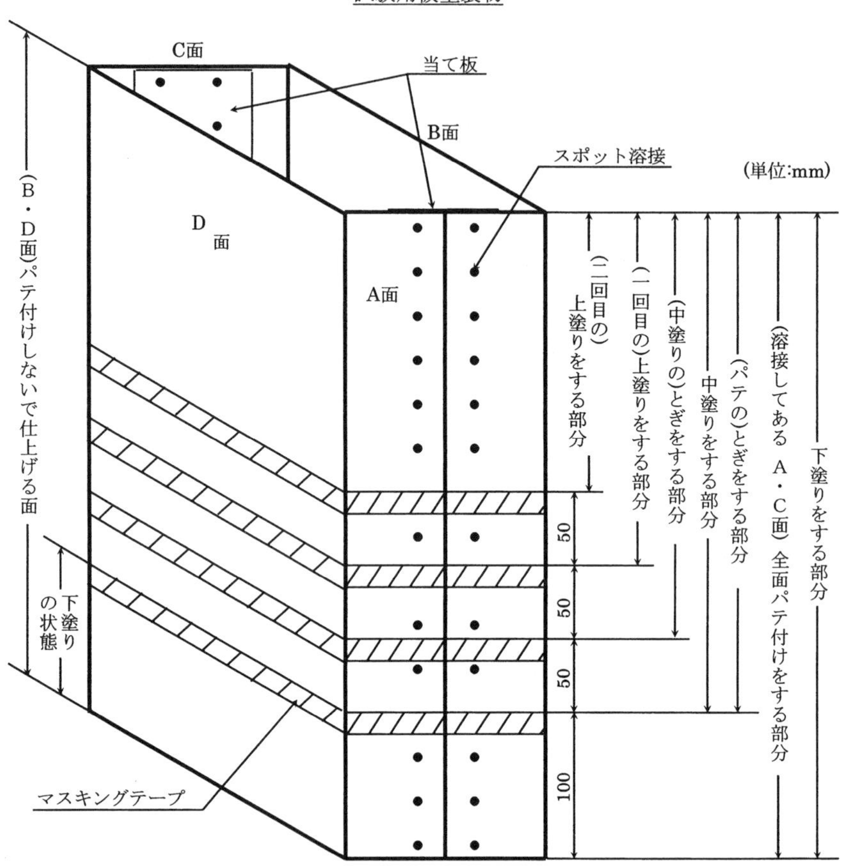

2級　　　　　　　　　　　　工　程　表　　　　　　　　　　　(単位:mm)

下端から寸法	0 ～ 100				100 ～ 150				150 ～ 200				200 ～ 250				250 ～			
工程　面	A	B	C	D	A	B	C	D	A	B	C	D	A	B	C	D	A	B	C	D
下塗り	○	○	○	○	○	○	○	○	○	○	○	○	○	○	○	○	○	○	○	○
パテ付け	○		○		○		○		○		○		○		○		○		○	
(パテ)とぎ					○		○		○		○		○		○		○		○	
中塗り					○	○	○	○	○	○	○	○	○	○	○	○	○	○	○	○
(中塗り)とぎ									○	○	○	○	○	○	○	○	○	○	○	○
上塗り(1回目)													○	○	○	○	○	○	○	○
上塗り(2回目)																	○	○	○	○

4　支給材料

品　　　名	寸法又は規格	数　量	備　　考
試験用被塗装物	(間口)×(奥行き)×(高さ)×(厚さ) 100mm×200mm×450mm×1.0mm (SPCC(冷間圧延鋼板)JIS G 3141)	1	
鋼板	約100mm×200mm (SPCC(冷間圧延鋼板)JIS G 3141 又は相当品)	1	試し塗り用
ラッカーパテ	JIS K 5535　又は相当品	100g	
ラッカーエナメル白	JIS K 5531　又は相当品	1/5ℓ	
ラッカーエナメル黄色(黄土色)	JIS K 5531　又は相当品	1/5ℓ	
ラッカーエナメル赤(赤さび色)	JIS K 5531　又は相当品	1/24ℓ	
ラッカーエナメル黒(調色用)	JIS K 5531　又は相当品	1/24ℓ	
ラッカーシンナー	上記ラッカーエナメル及び ラッカーパテが希釈可能なもの	1/2ℓ	脱脂用及び 希釈用
研磨布	P100	1/4枚	ばり取り用・ さび落とし用
耐水研磨紙	P240・P400	各1/4枚	水とぎ用
マスキングテープ	12mm幅	1個	
リターダー	上記ラッカーエナメルが 希釈可能なもの	若干	技能検定委員 で必要と認め た場合にのみ 支給する。
ラッカープライマー	JIS K 5535　又は相当品　　下塗り用 プライマー18秒 (室温　JIS K 5600-2-2　5mmフローカップ又は現場用の簡易粘度カップ)の粘度のもので、試験場のスプレーガンに入れてある。	若干	
ラッカーサーフェーサー	JIS K 5535　又は相当品　　中塗り用 サーフェーサー20秒 (室温　JIS K 5600-2-2　5mmフローカップ又は現場用の簡易粘度カップ)の粘度のもので、試験場のスプレーガンに入れてある。	若干	
調色用見本板	100mm×50mm	1	調色用

2級塗装(金属塗装作業)実技試験　使用工具等一覧表

1　受検者が持参するもの

品　　名	寸法又は規格	数　量	備　　考
エアスプレーガン	重力式で、ノズルの口径 1.0mm～1.5mm	1	上塗り用
あて木 又は あてゴム		適宜	研磨用
へら	幅5cm以上7cm以内	2	材質は自由とする。
定盤		1	パテ練り用
容器(脱脂用)	1/2ℓ程度	1	
容器(調色用)	1/2ℓ程度	2	
容器(水とぎ用)		1	
かくはん棒		適宜	割りばしでも可
ろ過紙		適宜	
ウエス	手ぬぐい大程度	適宜	
養生紙		適宜	テープ付は不可
ペイント缶の蓋をあけるもの		1	
はさみ又はカッター		1	
ものさし	500mm程度　JIS認定品	1	
鉛筆及び消しゴム		適宜	
作業服等		一式	作業帽(ヘルメット可)及び作業靴を含む。
有機溶剤用防毒マスク		一式	
保護手袋等		一式	
飲料		適宜	熱中症対策、水分補給用

注1　使用工具等は上記のものに限るが、同一種類のものを予備として持参することは差し支えない。
注2　保護眼鏡等を持参し、使用することが望ましい。
注3　「飲料」については、試験会場の状況や天候等を考慮の上、持参すること。

2　試験場に準備されているもの

（数量は、特に断りがない場合は、受検者１名当たりの数量とする。）

品　　名	寸法又は規格	数　量	備　　考
作業台	0.8m(幅)×0.4m(奥行)程度とする。	1	
噴霧塗装設備	空気圧縮機、吹付け用圧力調整器、 エアスプレーガン、ホース、 吹付け用作業台、スプレーブース等	1試験場 当たり 1以上	下塗り用及び中塗り用のスプレーガンは、試験場で準備する。

平成31年度 技能検定
1級 塗装（金属塗装作業）
実技試験問題

次の注意事項及び仕様に従い、ラッカーエナメル及びラッカーメタリックの塗装作業を行いなさい。

1 試験時間

標準時間　　4時間
打切り時間　4時間30分

2 注意事項

(1) 支給された材料の品名、数量等が「4 支給材料」のとおりであることを確認すること。
(2) 支給された材料に異常がある場合は、申し出ること。
(3) 試験開始後は、原則として支給材料の再支給はしない。
(4) 使用工具等は、「使用工具等一覧表」で指定したもの以外のものは、使用しないこと。
(5) 試験中は、工具等の貸し借りを禁止する。
(6) 作業時の服装等は、作業に適したものであること。(作業帽、作業靴、有機溶剤用防毒マスク、保護手袋等を含む。)
(7) 作業は、試験場内を材料等で汚損しないように行うこと。
(8) 調色用見本板は、試験開始直前に配付する。
(9) 中塗りした後のひろいパテは、禁止する。
(10) パテ付けする場合には、マスキングテープを使用しないこと。
(11) パテ付けのへらの扱いが著しく不適当な場合は、減点される。
(12) スプレーガンの運行が著しく不適当な場合は、減点される。
(13) 標準時間を超えて作業を行った場合は、超過時間に応じて減点される。
(14) 作業(後片付け等も含む)が終了したら、技能検定委員に申し出ること。
(15) **この問題には、事前に書き込みをしないこと。また、試験中には、他の用紙にメモをしたものや参考書等を参照することは禁止とする。**
(16) 試験中は、携帯電話(電卓機能の使用を含む。)等の使用を禁止とする。
(17) 工具等の取扱いについて、けが等を招くおそれがある危険な行為であると技能検定委員が判断した場合、試験中にその旨を注意することがある。
　さらに、当該注意を受けてもなお危険な行為を続けた場合、試験を中止し、かつ失格とする。ただし、緊急性を伴うと判断した場合は、注意を挟まず即中止(失格)とすることがある。

3　仕様

(1)　次の工程に従って、支給された被塗装物のスポット溶接してあるA・C面の全面をパテ付けし、ラッカーエナメル及びラッカーメタリックを塗り分けて、吹付け塗り仕上げを行いなさい。

なお、支給されたマスキングテープを使用して、3ページの図に示すとおり*、工程ごとの塗面をそれぞれ残すようにすること。ただし、マスキングテープは、作品の提出時に全部はがしておくこと。

＊本書ではP.37

(2)　工程

1　脱脂　　ラッカーシンナーを使用して、脱脂すること。

2　素地調整　　研磨布P100を使用して、溶接部と周辺のばり取り及び表面のさび落としを行うこと。

3　下塗り　　ラッカープライマーを使用して、表面の吹付け塗りを1回行うこと。
室温により自然乾燥させること。

4　パテ付け　　ラッカーパテを使用して、溶接してあるA・C面の全面をパテ付けすること。
室温により自然乾燥させること。

5　とぎ　　耐水研磨紙P240を使用して、パテの水とぎを行うこと。

6　中塗り　　ラッカーサーフェーサーを使用して、吹付け塗りを1回行うこと。
室温により自然乾燥させること。

7　とぎ　　耐水研磨紙P400を使用して、水とぎを行うこと。

8　上塗り　　ラッカーメタリックを使用して、吹付け塗り1回仕上げ及びラッカーエナメルを使用して、吹付け塗り2回仕上げを行うこと。室温により自然乾燥させること。ただし、ラッカーエナメルで1回目を吹付け塗りした後、中とぎをすることは、受検者の自由とする。
なお、ラッカーメタリックとラッカーエナメルとの塗り分け線は、角（かど）の曲がりの中心とすること。

(3)　次の作業は、(2)の工程に関係なく作業中随時行ってよいこと。

イ　調色　　ラッカーエナメルを使用して、配付された調色用見本板と同色に仕上がるように調色すること。

ロ　調合　　ラッカーエナメル及びラッカーメタリックを吹付け塗りできるように調合すること。

試験用被塗装物

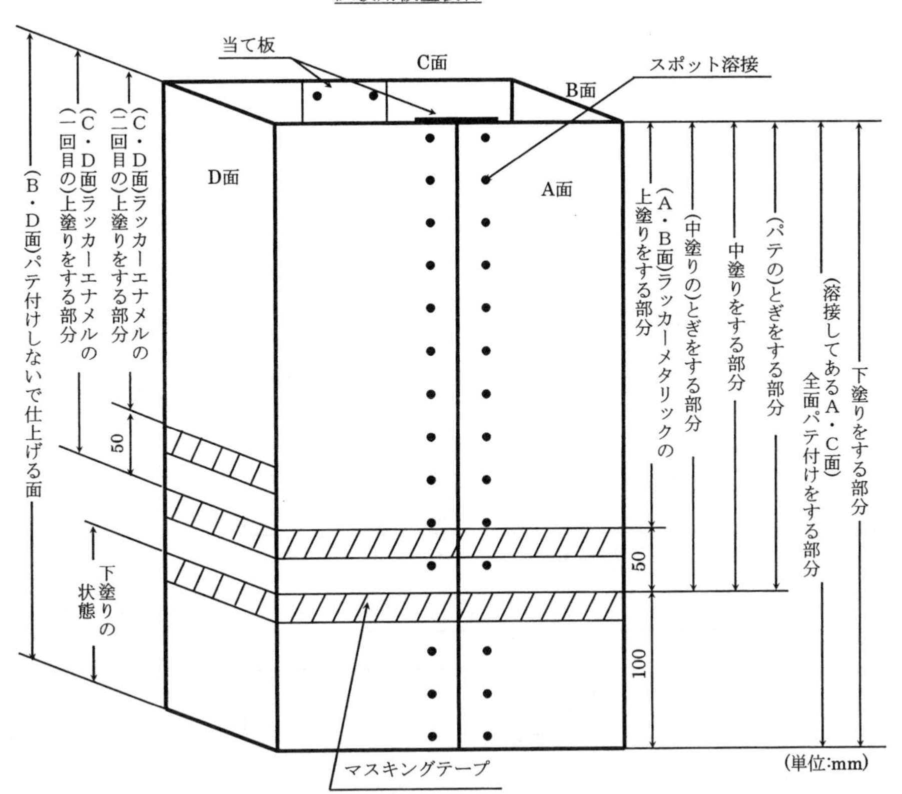

1級　　　　工　程　表　　　　(単位:mm)

工程 ＼ 下端からの寸法	0 ～ 100				100 ～ 150				150 ～ 200				200 ～			
面	A	B	C	D	A	B	C	D	A	B	C	D	A	B	C	D
下塗り	○	○	○	○	○	○	○	○	○	○	○	○	○	○	○	○
パテ付け	○		○		○		○		○		○		○		○	
(パテ)とぎ					○		○		○		○		○		○	
中塗り					○	○	○	○	○	○	○	○	○	○	○	○
(中塗り)とぎ					○	○	○	○	○	○	○	○	○	○	○	○
ラッカーメタリック上塗り									○	○			○	○		
ラッカーエナメル上塗り(1回目)											○	○			○	○
ラッカーエナメル上塗り(2回目)															○	○

注）ラッカーメタリックの上塗り及びラッカーエナメルの1回目の上塗りは、工程の順番を定めない。

4　支給材料

品　　名	寸法又は規格	数　量	備　考
試験用被塗装物	(間口)×(奥行き)×(高さ)×(厚さ) 100mm×200mm×450mm×1.0mm (SPCC(冷間圧延鋼板)JIS G 3141)	1	
鋼板	約100mm×200mm (SPCC(冷間圧延鋼板)JIS G 3141 又は相当品)	1	試し塗り用
ラッカーパテ	JIS K 5535 又は相当品	100g	
ラッカーエナメル白	JIS K 5531 又は相当品	1/5ℓ	
ラッカーエナメル黄色(黄土色)	JIS K 5531 又は相当品	1/5ℓ	
ラッカーエナメル赤(赤さび色)	JIS K 5531 又は相当品	1/24ℓ	
ラッカーエナメル黒(調色用)	JIS K 5531 又は相当品	1/24ℓ	
ラッカーメタリックベース (あら目)	JIS K 5531 又は相当品	1/20ℓ	
ラッカーシンナー	上記ラッカーエナメル及び ラッカーパテが希釈可能なもの	1/2ℓ	脱脂用及び 希釈用
研磨布	P100	1/4枚	ばり取り用・ さび落とし用
耐水研磨紙	P240・P400	各1/4枚	水とぎ用
マスキングテープ	12mm幅	1個	
リターダー	上記ラッカーエナメルが 希釈可能なもの	若干	技能検定委員 で必要と認め た場合にのみ 支給する。
ラッカープライマー	JIS K 5535 又は相当品　　下塗り用 プライマー18秒 (室温　JIS K 5600-2-2　5mmフローカップ又は現場用の簡易粘度カップ)の粘度のもので、試験場のスプレーガンに入れてある。	若干	
ラッカーサーフェーサー	JIS K 5535 又は相当品　　中塗り用 サーフェーサー20秒 (室温　JIS K 5600-2-2　5mmフローカップ又は現場用の簡易粘度カップ)の粘度のもので、試験場のスプレーガンに入れてある。	若干	
調色用見本板	100mm×50mm	1	調色用

1級塗装(金属塗装作業)実技試験　使用工具等一覧表

1　受検者が持参するもの

品　　名	寸法又は規格	数　量	備　　考
エアスプレーガン	重力式で、ノズルの口径 1.0mm～1.5mm	1	上塗り用
あて木 又は あてゴム		適宜	研磨用
へら	幅5cm以上7cm以内	2	材質は自由とする。
定盤		1	パテ練り用
容器(脱脂用)	1/2ℓ程度	1	
容器(調色用)	1/2ℓ程度	3	
容器(水とぎ用)		1	
かくはん棒		適宜	割りばしでも可
ろ過紙		適宜	
ウエス	手ぬぐい大程度	適宜	
養生紙		適宜	テープ付は不可
ペイント缶の蓋をあけるもの		1	
はさみ又はカッター		1	
ものさし	500mm程度　JIS認定品	1	
鉛筆及び消しゴム		適宜	
作業服等		一式	作業帽(ヘルメット可)及び作業靴を含む。
有機溶剤用防毒マスク		一式	
保護手袋等		一式	
飲料		適宜	熱中症対策、水分補給用

注1　使用工具等は上記のものに限るが、同一種類のものを予備として持参することは差し支えない。
注2　保護眼鏡等を持参し、使用することが望ましい。
注3　「飲料」については、試験会場の状況や天候等を考慮の上、持参すること。

2　試験場に準備されているもの
（数量は、特に断りがない場合は、受検者１名当たりの数量とする。）

品　　名	寸法又は規格	数　量	備　　考
作業台	0.8m(幅)×0.4m(奥行)程度とする。	1	
噴霧塗装設備	空気圧縮機、吹付け用圧力調整器、 エアスプレーガン、ホース、 吹付け用作業台、スプレーブース等	1試験場 当たり 1以上	下塗り用及び中塗り用のスプレーガンは、試験場で準備する。

平成31年度 技能検定
2級 塗装(噴霧塗装作業)
実技試験問題

次の注意事項に従って、課題1及び課題2を行いなさい。

1 試験時間

標準時間　　1時間30分
打切り時間　2時間

2 注意事項

(1) 支給された材料の品名、数量等が「5 支給材料」のとおりであることを確認すること。
(2) 支給された材料に異常がある場合は、申し出ること。
(3) 試験開始後は、原則として支給材料の再支給はしない。
(4) 使用工具等は、「使用工具等一覧表」で指定したもの以外のものは使用しないこと。
(5) 試験中は、工具等の貸し借りを禁止する。
(6) 作業時の服装等は、作業に適したものであること。(作業帽、作業靴、有機溶剤用防毒マスク、保護手袋等を含む。)
(7) 課題1のエアレススプレー噴霧塗装及び課題2に使用するラッカーエナメル(青)の塗料粘度、課題1の静電噴霧塗装に使用する塗装装置の電圧及びアミノアルキド樹脂エナメル(茶色)の塗料粘度と電気抵抗値は、試験開始前に知らせる。
(8) 課題2のスプレーパターンの作成見本は、試験場に提示する。
(9) ハンガー作製時間は、試験時間に含めるが、焼付け乾燥時間及び自然乾燥時間は、試験時間に含めないものとする。
(10) 標準時間を超えて作業を行った場合は、超過時間に応じて減点される。
(11) 作業が終了したら、技能検定委員に申し出ること。
(12) 作業は、試験場内を塗料等で汚損しないように行うこと。
(13) **この問題には、事前に書き込みをしないこと。また、試験中には、他の用紙にメモをしたものや参考書等を参照することは禁止とする。**
(14) 試験中は、携帯電話(電卓機能の使用を含む。)等の使用を禁止とする。
(15) 工具等の取扱いについて、けが等を招くおそれがある危険な行為であると技能検定委員が判断した場合、試験中にその旨を注意することがある。
　さらに、当該注意を受けてもなお危険な行為を続けた場合、試験を中止し、かつ失格とする。ただし、緊急性を伴うと判断した場合は、注意を挟まず即中止(失格)とすることがある。

3　課題1

次の注意事項及び仕様に従って、第1図－①「被塗装物A」及び第1図－②「被塗装物B」に示すように噴霧塗装を行いなさい。

(1)　注意事項

イ　静電噴霧塗装とエアレススプレー噴霧塗装については、どちらか一方を選択して、作業を行うこと。ただし、原則としては、受検会場において選択できるが、実施会場によっては選択できない場合もあるので、事前に確認すること。

ロ　塗装用ハンガーは、鉄線を使用して、両面塗装可能なものを作製すること。

ハ　被塗装物の養生において、マスキングテープは、支給されたものを使用し、貼る位置はものさしを使用して定めること。

ニ　塗装作業は、作成したハンガーで被塗装物をつり下げた状態にして行うこと。

ホ　塗装物は、養生紙等をはがし、のりなどの付着物を取り除き、受検番号を記入した荷札を付けて提出すること。

(2)　仕様

イ　エアスプレー噴霧塗装　……………………………　被塗装物A

(イ)　被塗装物Aは、研磨布を使用してばり取り、さび落としなどを行い、次にラッカーシンナーを使用して全面(A1面及びA2面)脱脂すること。

(ロ)　アミノアルキド樹脂エナメル(アイボリー)は、持参した容器に移し、シンナーを加えて粘度調整をすること。

(ハ)　塗装装置のエアトランスホーマは、調整して使用すること。

(ニ)　塗装作業は、第1図－①に示すように被塗装物Aの一部を養生してから、持参したエアスプレーガンを塗装装置に取り付け、前記(ロ)で調合した塗料を使用して行うこと。

(ホ)　塗膜の厚さは、40±5μmとすること。

(ヘ)　塗膜の乾燥は、焼付け乾燥とすること。

ロ　静電噴霧塗装又はエアレススプレー噴霧塗装　…………………　被塗装物B

(イ)　被塗装物Bは、研磨布を使用してばり取り、さび落としなどを行い、次にラッカーシンナーを使用して全面脱脂すること。

(ロ)　静電噴霧塗装作業は、パターン調整及び空気圧調整をしてからアミノアルキド樹脂エナメル(茶色)を使用して行うこと。

(ハ)　エアレススプレー噴霧塗装作業は、エアレス塗装装置のレギュレータを調整してからラッカーエナメル(青)を使用して行うこと。

(ニ)　塗膜の厚さは、静電噴霧塗装及びエアレススプレー噴霧塗装ともに40±5μmとすること。

(ホ)　塗膜の乾燥は、静電噴霧塗装の場合が焼付け乾燥、エアレススプレー噴霧塗装の場合が自然乾燥とすること。

4　課題2

次の注意事項及び仕様に従って、第2図－①及び第2図－②に示すスプレーパターンを作成しなさい。

(1)　注意事項

イ　パターン作成用紙には、第2図－①及び第2図－②に示すように ㊌ 又は 垂(丸囲み) の記入をするとともに、それぞれに等級(2級)、受検番号及び氏名を記入すること。

ロ　パターンの作成では、すけや流れが生じない程度に塗付すること。

ハ　連続パターンの作成では、片道1回吹きとし、用紙の長辺側の縁に対し平行に50cm程度塗付すること。

ニ　だ円パターンの作成では、パターン開きを150mm程度とすること。

(2)　仕様

イ　パターンの作成は、持参したエアスプレーガンを塗装装置に取り付け、エアトランスホーマを調整してから、ラッカーエナメル(青)を使用して行うこと。

ロ　パターンの作成順序は、水平移動のパターンにおける丸パターン、だ円パターン、垂直移動のパターンにおける丸パターン、だ円パターンとすること。

5　支給材料

<table>
<tr><th rowspan="2">品　　名</th><th rowspan="2">寸法又は規格</th><th colspan="4">数　量</th><th rowspan="2">備　　考</th></tr>
<tr><th>エアスプレー</th><th>静電</th><th>エアレススプレー</th><th>スプレーパターン</th></tr>
<tr><td>被塗装物(V型)</td><td>(SPCC（冷間圧延鋼板）
JIS G 3141)
厚さ1.0mm</td><td colspan="3">2</td><td></td><td></td></tr>
<tr><td>試し吹き用紙</td><td>適宜</td><td colspan="3">2枚</td><td></td><td></td></tr>
<tr><td>パターン作成用紙</td><td>B2版ざら紙</td><td></td><td></td><td></td><td>4枚</td><td>2枚はパターン作成提出用
2枚は練習用</td></tr>
<tr><td>荷札</td><td></td><td colspan="3">2枚</td><td></td><td></td></tr>
<tr><td>アミノアルキド樹脂エナメル(アイボリー)</td><td>JIS K 5651
又は相当品</td><td>300g</td><td></td><td></td><td></td><td>未調合</td></tr>
<tr><td>アミノアルキドシンナー</td><td></td><td>0.2ℓ</td><td></td><td></td><td></td><td>アミノアルキド樹脂エナメル調合用</td></tr>
<tr><td>アミノアルキド樹脂エナメル(茶色)</td><td>JIS K 5651
又は相当品</td><td></td><td>適宜</td><td></td><td></td><td>調合済み</td></tr>
<tr><td>ラッカーエナメル(青)</td><td>JIS K 5531
又は相当品</td><td></td><td></td><td>適宜</td><td>適宜</td><td>調合済み</td></tr>
<tr><td>ラッカーシンナー</td><td></td><td colspan="3">0.5ℓ</td><td></td><td>脱脂用</td></tr>
<tr><td>研磨布</td><td>P240</td><td colspan="3">0.5枚</td><td></td><td>ばり取り、
さび落とし用</td></tr>
<tr><td>マスキングテープ</td><td>幅12mm</td><td colspan="3">1個</td><td></td><td></td></tr>
<tr><td>鉄線</td><td>直径2mm
50cm</td><td colspan="3">2本</td><td></td><td>ハンガー作製用</td></tr>
</table>

第1図－①　　被塗装物A

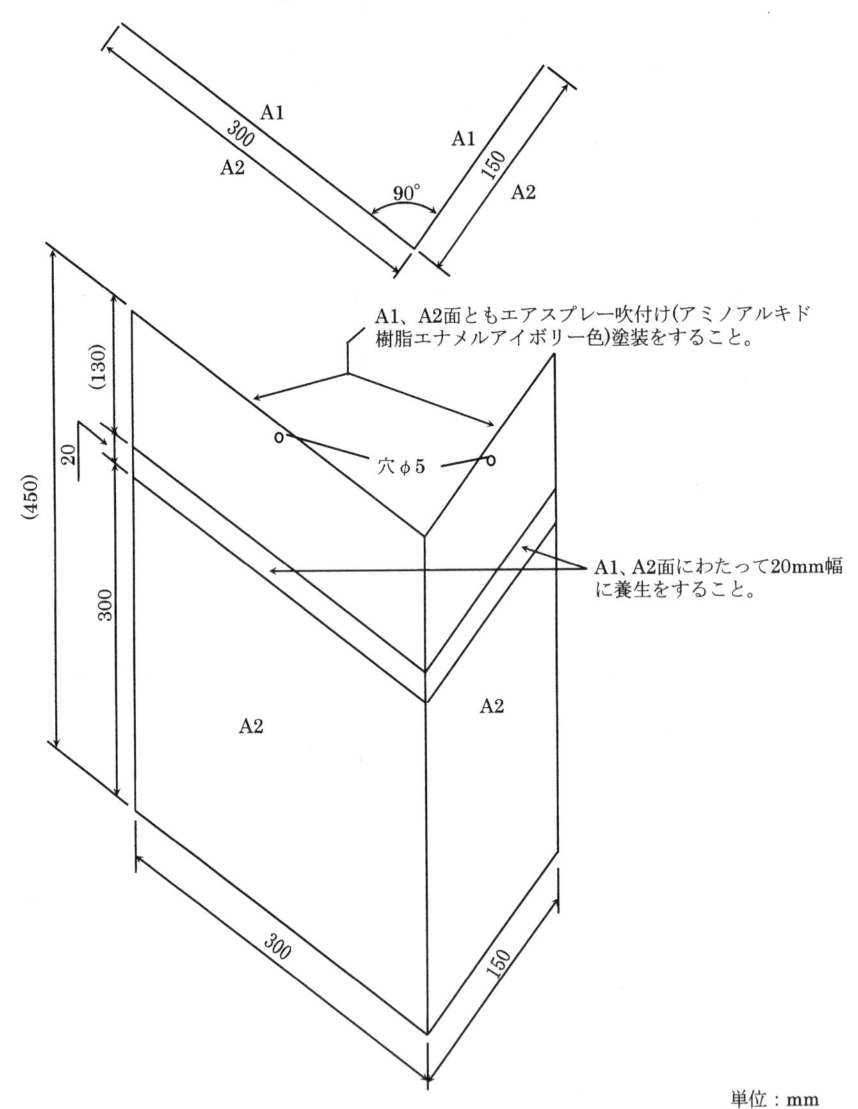

A1
300
A2
A1
150
A2
90°
A1、A2面ともエアスプレー吹付け(アミノアルキド樹脂エナメルアイボリー色)塗装をすること。
(130)
20
穴φ5
(450)
A1、A2面にわたって20mm幅に養生をすること。
300
A2
A2
300
150
単位：mm

第1図－②　　被塗装物B

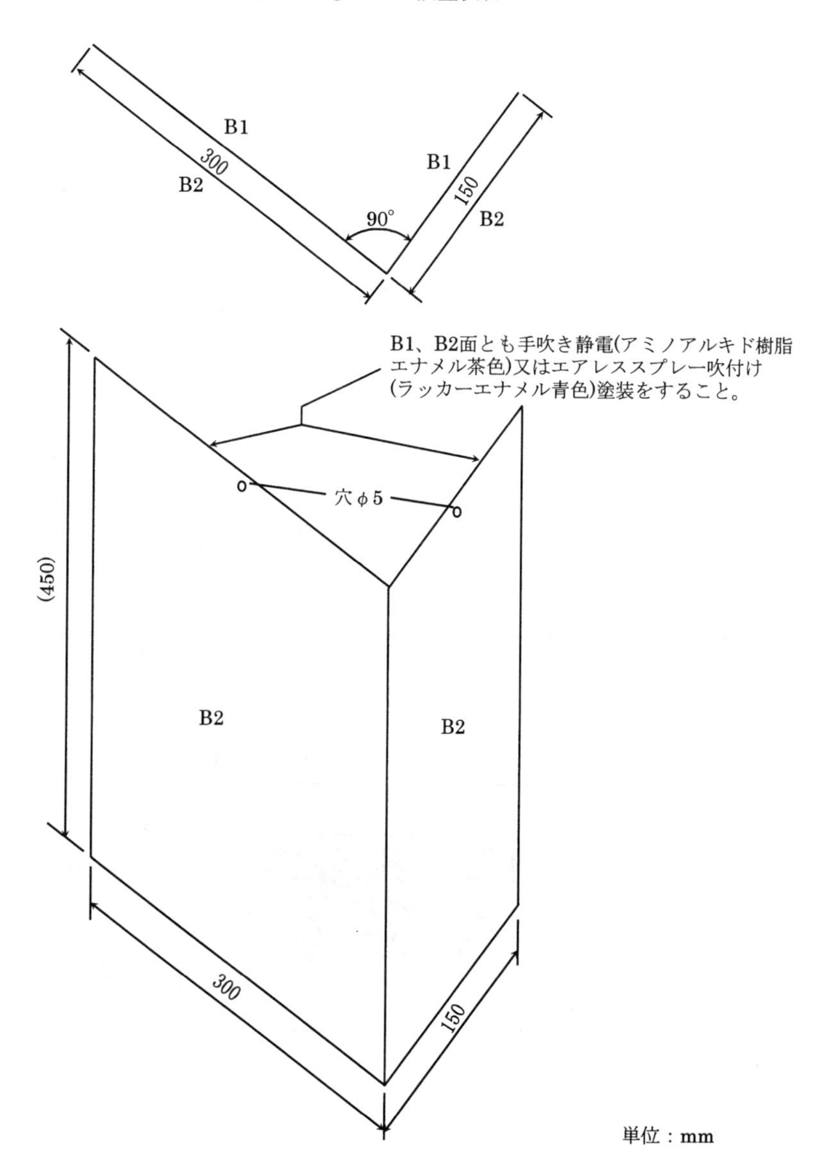

単位：mm

第2図－①　　　スプレーパターン作成形式

水平移動のパターン

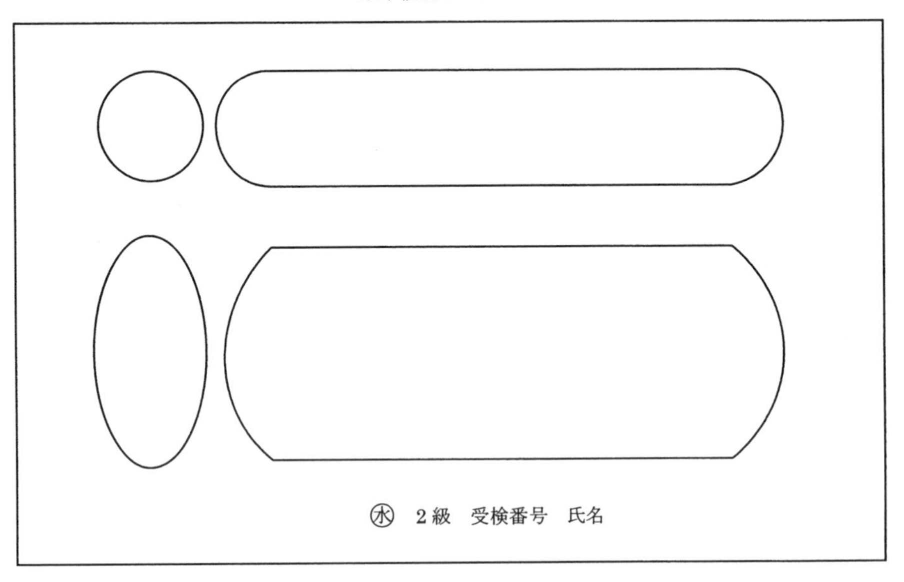

(注) パターン開きとは、下図の寸法を表す。

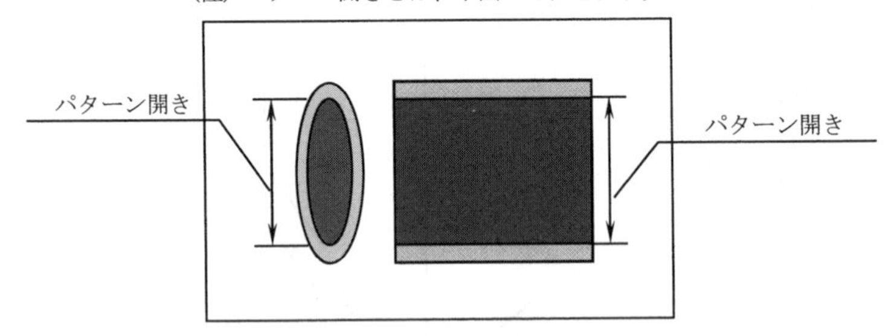

第2図－②　　スプレーパターン作成形式

垂直移動のパターン

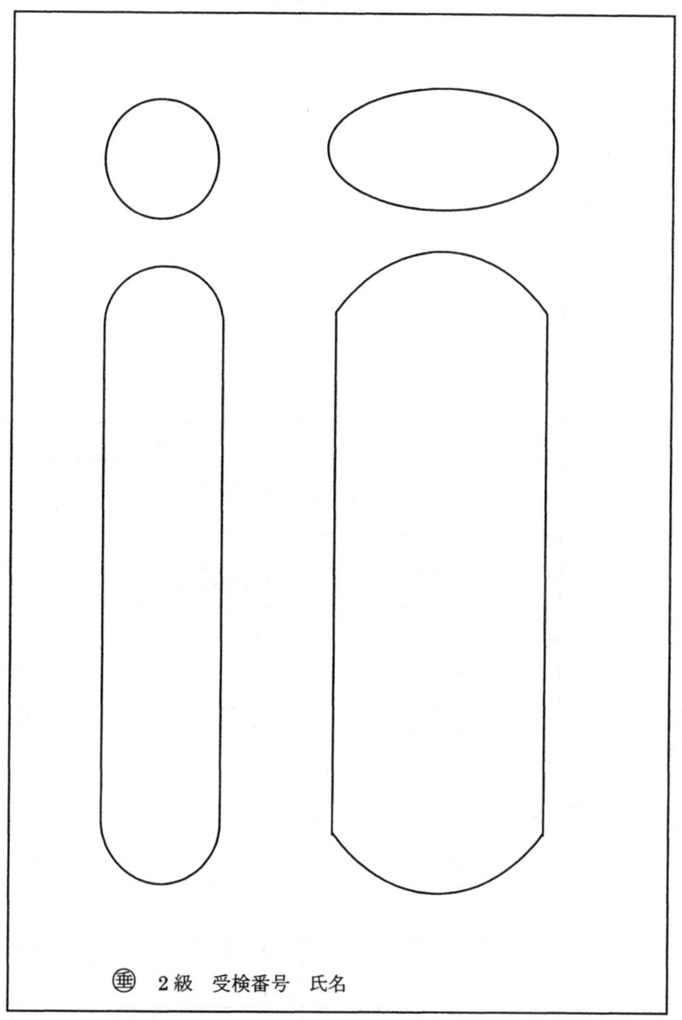

2級塗装(噴霧塗装作業)実技試験　使用工具等一覧表

1　受検者が持参するもの

品　　名	寸法又は規格	数量	備　　考
エアスプレーガン	重力式で、ノズル口径 1.0mm～1.5mm程度	1	塗料容器付き
ガン洗浄用 ブラシ及び工具		一式	
容器		3	塗料用及び脱脂用に使用することができる大きさのもの及びふたとして厚紙又は鉄板を同時に持参すること。
ろ紙	吉野紙又は麻生紙	適宜	
養生紙		適宜	前加工(課題図に合わせた寸法取り・形状取り等をしたもの)は不可
ペイント缶の蓋をあけるもの		1	
はさみ又はカッター		1	
ウエス		適宜	
かくはん棒		2	
ペンチ		1	ハンガー作製用
安全靴		1	静電塗装用
ものさし	500mm程度　JIS認定品	1	
筆記具		適宜	
作業服等		一式	作業帽(ヘルメット可)及び作業靴を含む。
有機溶剤用防毒マスク		一式	
保護手袋等		一式	
飲料		適宜	熱中症対策、水分補給用

注1　使用工具等は上記のものに限るが、同一種類のものを予備として持参することは差し支えない。
注2　保護眼鏡等を持参し、使用することが望ましい。
注3　「飲料」については、試験会場の状況や天候等を考慮の上、持参すること。

2　試験場に準備されているもの

品　　名	寸法又は規格	数量	備　　考
静電塗装装置		一式	高圧発生装置、エアコンプレッサ、塗料タンク、高圧ケーブル、塗料ホース、エアホース、手動ガン等
エアスプレー塗装装置		一式	水洗式ブース又はフィルタ式ブース、エアコンプレッサ、エアトランスホーマ、エアホース等
エアレス塗装装置		一式	高圧ポンプ、エアコンプレッサ、塗料容器、塗料ホース、エアホース、エアレスガン等
乾燥炉		1	
洗浄用容器		2	スプレー塗装作業用
残塗料廃棄用容器		1以上	石油缶に類するもの
ウエス廃棄用容器		1以上	天切り石油缶に類するもの

平成31年度 技能検定
1級 塗装(噴霧塗装作業)
実技試験問題

次の注意事項に従って、課題1及び課題2を行いなさい。

1 試験時間

標準時間　　2時間
打切り時間　　2時間30分

2 注意事項

(1) 支給された材料の品名、数量等が「5 支給材料」のとおりであることを確認すること。
(2) 支給された材料に異常がある場合は、申し出ること。
(3) 試験開始後は、原則として支給材料の再支給はしない。
(4) 使用工具等は、「使用工具等一覧表」で指定したもの以外のものは使用しないこと。
(5) 試験中は、工具等の貸し借りを禁止する。
(6) 作業時の服装等は、作業に適したものであること。(作業帽、作業靴、有機溶剤用防毒マスク、保護手袋等を含む。)
(7) 課題1のエアレススプレー噴霧塗装及び課題2に使用するラッカーエナメル(青)の塗料粘度、課題1の静電噴霧塗装に使用する塗装装置の電圧及びアミノアルキド樹脂エナメル(茶色)の塗料粘度と電気抵抗値は、試験開始前に知らせる。
(8) 課題2のスプレーパターンの作成見本は、試験場に提示する。
(9) ハンガー作製時間は、試験時間に含めるが、焼付け乾燥時間及び自然乾燥時間は、試験時間に含めないものとする。
(10) 標準時間を超えて作業を行った場合は、超過時間に応じて減点される。
(11) 作業が終了したら、技能検定委員に申し出ること。
(12) 作業は、試験場内を塗料等で汚損しないように行うこと。
(13) **この問題には、事前に書き込みをしないこと。また、試験中には、他の用紙にメモをしたものや参考書等を参照することは禁止とする。**
(14) 試験中は、携帯電話(電卓機能の使用を含む。)等の使用を禁止とする。
(15) 工具等の取扱いについて、けが等を招くおそれがある危険な行為であると技能検定委員が判断した場合、試験中にその旨を注意することがある。
　さらに、当該注意を受けてもなお危険な行為を続けた場合、試験を中止し、かつ失格とする。ただし、緊急性を伴うと判断した場合は、注意を挟まず即中止(失格)とすることがある。

3　課題1

次の注意事項及び仕様に従って、第1図－①「被塗装物A」及び第1図－②「被塗装物B」に示すように噴霧塗装を行いなさい。

(1)　注意事項

イ　塗装用のハンガーは、鉄線を使用して、両面塗装可能なものを作製すること。

ロ　被塗装物の養生において、マスキングテープは、支給されたものを使用し、貼る位置はものさしを使用して定めること。

ハ　塗装作業は、作製したハンガーで被塗装物をつり下げた状態にして行うこと。

ニ　塗装物は、養生紙等をはがし、のりなどの付着物を取り除き、受検番号を記入した荷札を付けて提出すること。

(2)　仕様

イ　エアスプレー噴霧塗装　……………………………　被塗装物A(A1面)

(イ)　被塗装物Aは、研磨布を使用してばり取り、さび落としなどを行い、次にラッカーシンナーを使用して全面(A1面及びA2面)脱脂すること。

(ロ)　アミノアルキド樹脂エナメル(アイボリー)は、持参した容器に移し、シンナーを加えて粘度調整をすること。

(ハ)　塗装装置のエアトランスホーマは、調整して使用すること。

(ニ)　塗装作業は、持参したエアスプレーガンを塗装装置に取り付け、前記(ロ)で調合した塗料を使用して行うこと。

(ホ)　塗膜の厚さは、40±5μmとすること。

(ヘ)　塗膜の乾燥は、焼付け乾燥とすること。

ロ　エアレススプレー噴霧塗装　……………………　被塗装物A(A2面)

(イ)　エアレス塗装装置のレギュレータは、調整して使用すること。

(ロ)　塗装作業は、第1図－①に示すように被塗装物Aの一部を養生してから、ラッカーエナメル(青)を使用して行うこと。

(ハ)　塗膜の厚さは、40±5μmとすること。

(ニ)　塗膜の乾燥は、自然乾燥とすること。

ハ　静電噴霧塗装　……………………………………　被塗装物B(B1、B2面)

(イ)　被塗装物Bは、研磨布を使用してばり取り、さび落としなどを行い、次にラッカーシンナーを使用して全面脱脂すること。

(ロ)　塗装作業は、パターン調整及び空気圧調整をしてからアミノアルキド樹脂エナメル(茶色)を使用して行うこと。

(ハ)　塗膜の厚さは、40±5μmとすること。

(ニ)　塗膜の乾燥は、焼付け乾燥とすること。

4　課題2

次の注意事項及び仕様に従って、第2図－①及び第2図－②に示すスプレーパターンを作成しなさい。

(1)　注意事項

イ　パターン作成用紙には、第2図－①及び第2図－②に示すように ㊌ 又は ㊥ の記入をするとともに、それぞれに等級(1級)、受検番号及び氏名を記入すること。

ロ　パターンの作成では、すけや流れが生じない程度に塗付すること。

ハ　連続パターンの作成では、片道1回吹きとし、用紙の長辺側の縁に対し平行に50cm程度塗付すること。

ニ　だ円パターンの作成では、パターン開きを150mm程度とすること。

(2)　仕様

イ　パターンの作成は、持参したエアスプレーガンを塗装装置に取り付け、エアトランスホーマを調整してから、ラッカーエナメル(青)を使用して行うこと。

ロ　パターンの作成順序は、水平移動のパターンにおける丸パターン、だ円パターン、垂直移動のパターンにおける丸パターン、だ円パターンとすること。

5　支給材料

品　　名	寸法又は規格	数　量				備　　考
		エアスプレー	静電	エアレススプレー	スプレーパターン	
被塗装物(V型)	(SPCC（冷間圧延鋼板）JIS G 3141）厚さ1.0mm	2				
試し吹き用紙	適宜	3枚				
パターン作成用紙	B2版ざら紙				4枚	2枚はパターン作成提出用 2枚は練習用
荷札		2枚				
アミノアルキド樹脂エナメル(アイボリー)	JIS K 5651又は相当品	150g				未調合
アミノアルキドシンナー		0.2ℓ				アミノアルキド樹脂エナメル調合用
アミノアルキド樹脂エナメル(茶色)	JIS K 5651又は相当品		適宜			調合済み
ラッカーエナメル(青)	JIS K 5531又は相当品			適宜	適宜	調合済み
ラッカーシンナー		0.5ℓ				脱脂用
研磨布	P240	0.5枚				ばり取り、さび落とし用
マスキングテープ	幅12mm	1個				
鉄線	直径2mm 50cm	2本				ハンガー作製用

第1図－①　　被塗装物A

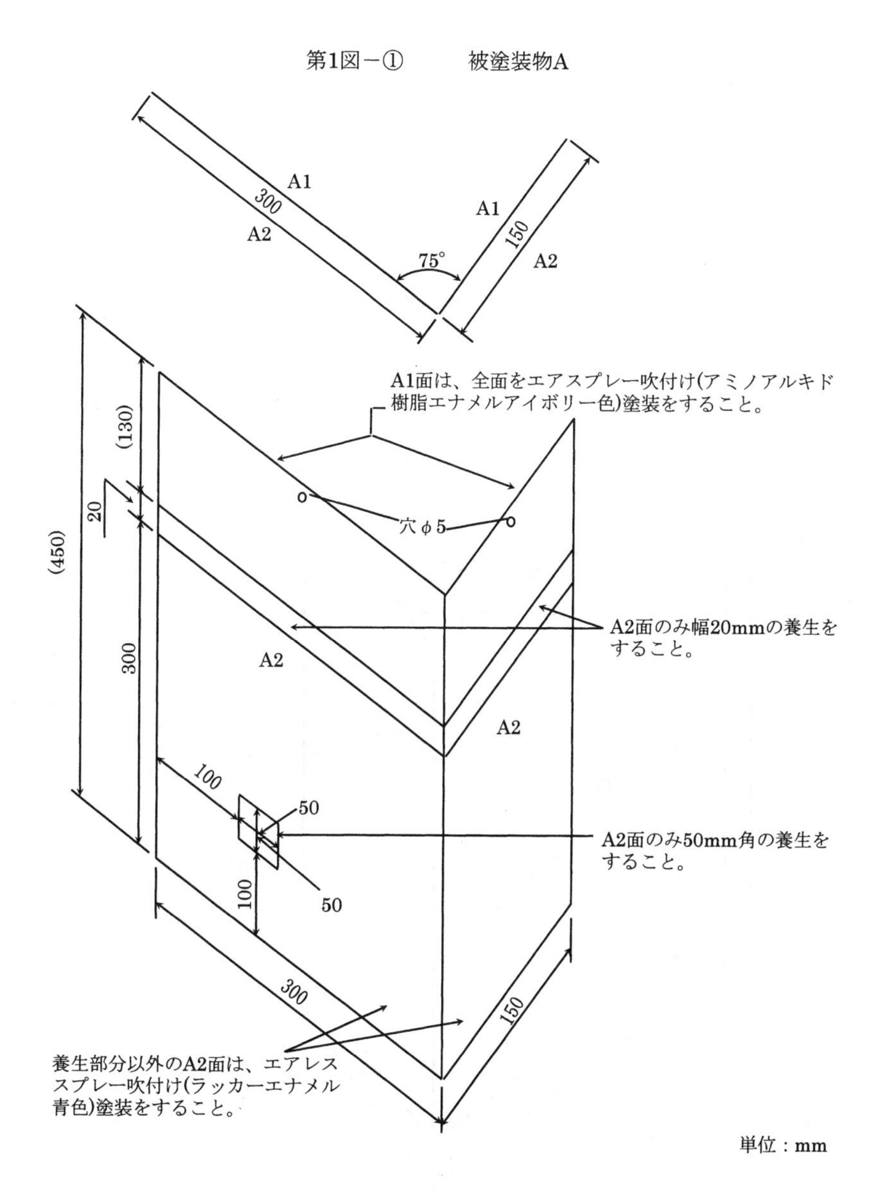

単位：mm

第1図－②　　　被塗装物B

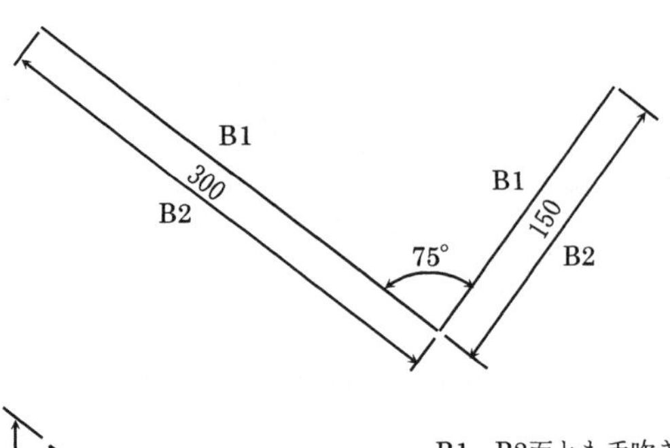

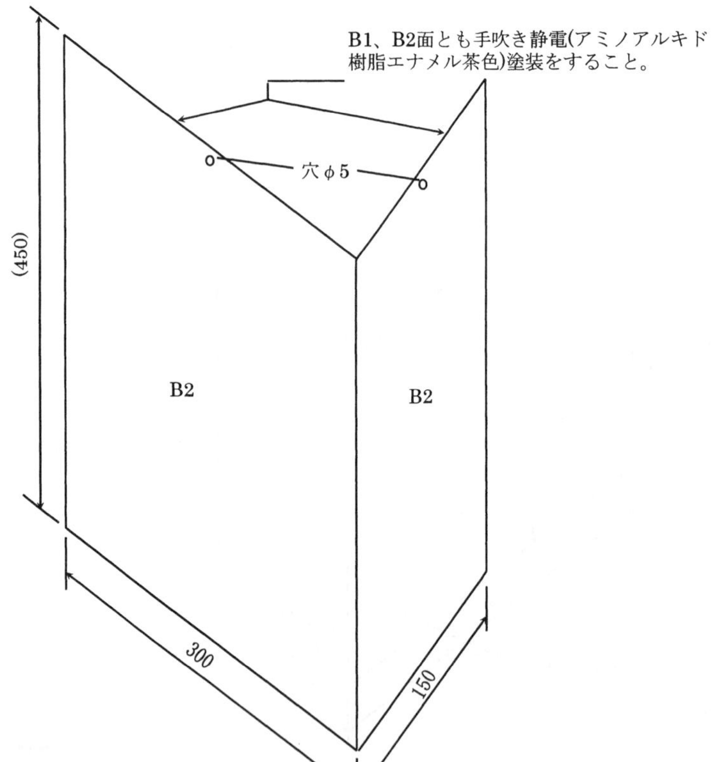

単位：mm

第2図－①　　スプレーパターン作成形式

水平移動のパターン

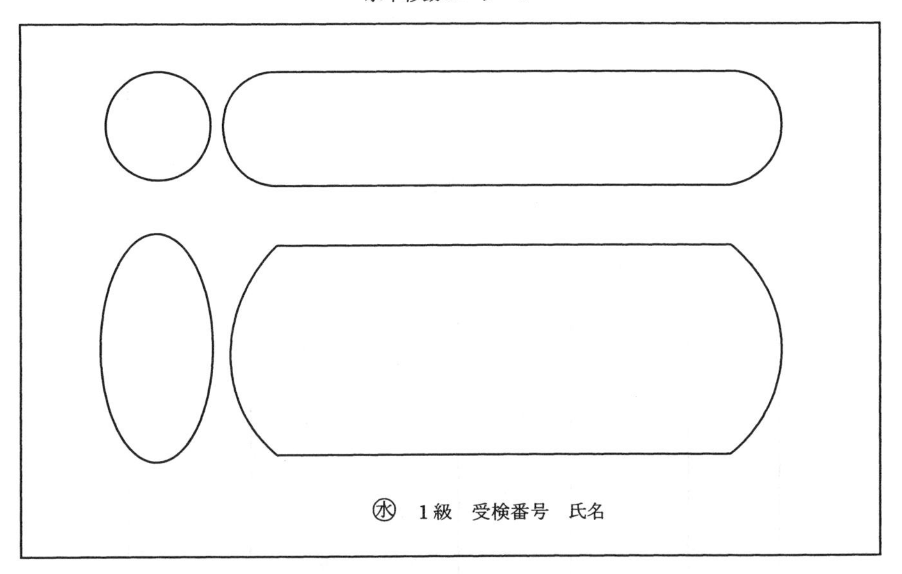

(注) パターン開きとは、下図の寸法を表す。

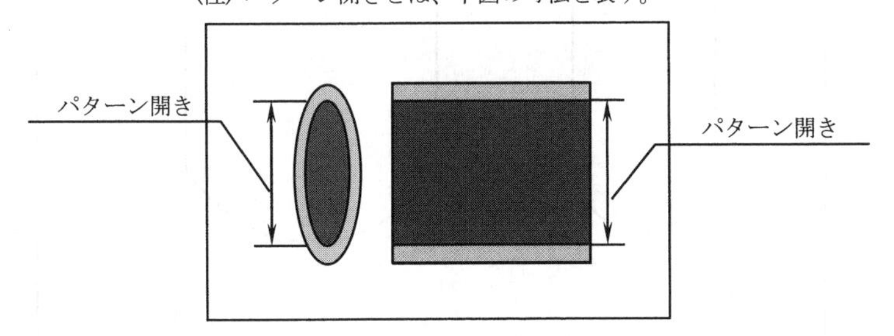

第2図－②　　　スプレーパターン作成形式

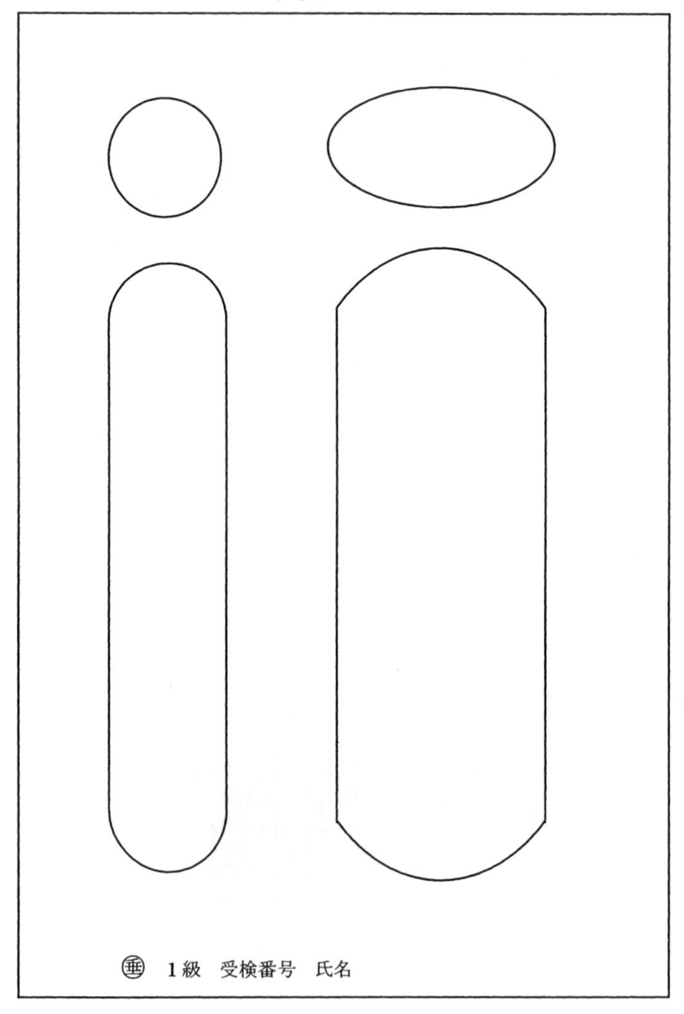

1級塗装(噴霧塗装作業)実技試験　使用工具等一覧表

1　受検者が持参するもの

品　　名	寸法又は規格	数量	備　　考
エアスプレーガン	重力式で、ノズル口径 1.0mm～1.5mm程度	1	塗料容器付き
ガン洗浄用 ブラシ及び工具		一式	
容器		3	塗料用及び脱脂用に使用することができる大きさのもの及びふたとして厚紙又は鉄板を同時に持参すること。
ろ紙	吉野紙又は麻生紙	適宜	
養生紙		適宜	前加工(課題図に合わせた寸法取り・形状取り等をしたもの)は不可
ペイント缶の蓋をあけるもの		1	
はさみ又はカッター		1	
ウエス		適宜	
かくはん棒		2	
ペンチ		1	ハンガー作製用
安全靴		1	静電塗装用
ものさし	500mm程度　JIS認定品	1	
筆記具		適宜	
作業服等		一式	作業帽(ヘルメット可)及び作業靴を含む。
有機溶剤用防毒マスク		一式	
保護手袋等		一式	
飲料		適宜	熱中症対策、水分補給用

注1　使用工具等は上記のものに限るが、同一種類のものを予備として持参することは差し支えない。
注2　保護眼鏡等を持参し、使用することが望ましい。
注3　「飲料」については、試験会場の状況や天候等を考慮の上、持参すること。

2　試験場に準備されているもの

品　　名	寸法又は規格	数量	備　　考
静電塗装装置		一式	高圧発生装置、エアコンプレッサ、塗料タンク、高圧ケーブル、塗料ホース、エアホース、手動ガン等
エアスプレー塗装装置		一式	水洗式ブース又はフィルタ式ブース、エアコンプレッサ、エアトランスホーマ、エアホース等
エアレス塗装装置		一式	高圧ポンプ、エアコンプレッサ、塗料容器、塗料ホース、エアホース、エアレスガン等
乾燥炉		1	
洗浄用容器		2	スプレー塗装作業用
残塗料廃棄用容器		1以上	石油缶に類するもの
ウエス廃棄用容器		1以上	天切り石油缶に類するもの

令和2年度 技能検定
2級 塗装(鋼橋塗装作業)
実技試験問題

次の注意事項に従って、作業1、作業2及び作業3を行いなさい。

1 試験時間

作業番号	1	2	3
試験時間	30分	10分	10分

2 注意事項

(1) 支給された材料の品名、数量等が「4 支給材料」のとおりであることを確認すること。

(2) 支給された材料に異常がある場合は、申し出ること。

(3) 試験開始後は、原則として、支給材料の再支給をしない。

(4) 使用工具等は、使用工具等一覧表で指定した以外のものは使用しないこと。

(5) 試験中は、工具等の貸し借りを禁止する。

(6) 作業時の服装等は、作業に適したものとし、墜落制止用器具(安全帯)、保護帽及び作業靴(安全靴又は安全地下たび)を着用すること。

(7) 作業の順序は、作業1、作業2、作業3の順とする。

(8) 作業1及び作業3については、開始の合図により一斉に始め、作業終了の合図をもって終了するものとするが、作業が作業終了の合図の前に終了した場合は、技能検定委員に申し出ること。

(9) 作業1については、保護眼鏡及び防じんマスクを使用して行うこと。
なお、除去した塗膜は、指定した容器に捨てること。

(10) 作業1、作業2及び作業3が終了した時点で採点を行うので、その間は、指定された場所で待機すること。

(11) この問題には、事前に書き込みをしないこと。また、試験中には、他の用紙にメモをしたものや参考書等を参照することは禁止とする。

(12) 試験中は、携帯電話、スマートフォン、ウェアラブル端末等の使用(電卓機能の使用を含む。)を禁止とする。

3　作業内容

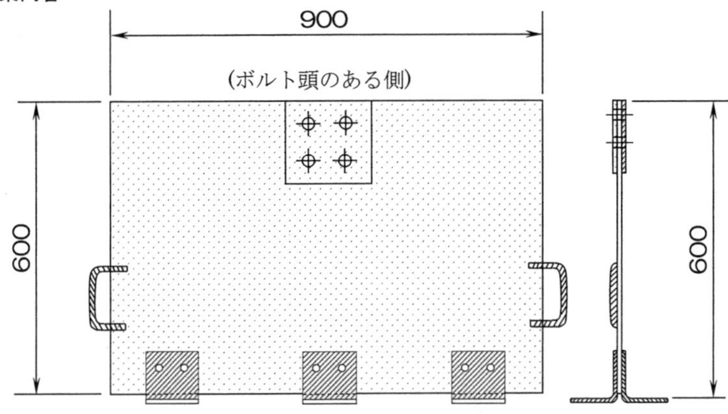

図1：作業板　(単位：mm)

注1：[点描部] 部分を塗膜除去及び塗装すること。
注2：裏側は、塗膜除去及び塗装をしないこと。
注3：[斜線部] 部分(斜線部分)は、塗膜除去及び塗装をしないこと。

作業1

(1)　図1に示す作業板の添接部(添接板及びボルト頭)を除く旧塗膜を電動工具を使用して除去しなさい。

(2)　添接部の旧塗膜を手工具を使用して除去しなさい。

(3)　旧塗膜を除去した部分をワイヤブラシ、研磨布及びダスタばけを使用して清掃しなさい。

【仕様】

(1)　除去作業は、立ててある作業板を作業台の上にねかせ、安定用枕木を使用して行うこと。

(2)　作業終了後は、作業板を作業台の上に立たせておくこと。

作業2

支給された弱溶剤形ふっ素樹脂塗料用中塗を調合しなさい。

【仕様】

(1)　支給された主剤(ベース)、硬化剤及び塗料用シンナーを混合し、はけ塗り作業に適する粘度に調整すること。

(2)　主剤及び硬化剤の数量、塗料用シンナーの希釈率は、試験当日に指示する。
なお、主剤及び硬化剤は、支給された全量を使用すること。

(3)　主剤、硬化剤及び塗料用シンナーの混合は、主剤の入った容器を使用すること。

(4)　塗料の調合が完了したら、技能検定委員に申し出ること。

作業3

作業2で調合した弱溶剤形ふっ素樹脂塗料用中塗を使用して、作業1により旧塗膜を除去した作業板(添接部を含む。)の全面を均一に塗装しなさい。

【仕様】

(1) 塗装しない箇所との境界は、マスキングテープを使用して養生すること。ただし、マスキングテープは、塗装後除去すること。

(2) 塗料の塗付量は、120g/m^{2}とすること。

(3) 塗装作業は、作業板を作業台の上にねかせ、安定用枕木を使用して行うこと。

(4) 作業終了後は、作業板を作業台の上に立たせておくこと。

(5) 作業開始前及び作業終了後に、塗料容器及びはけを指定されたところに持参し、計量を受けること。

4 支給材料

品名	寸法又は規格	数量	備考
作業板	鋼板　3.2×600×900mm	1枚	
安定用枕木	約60×100×300mm	2本	
かくはん棒	φ10mm×200mm	1本	

2級 塗装(鋼橋塗装作業)実技試験 使用工具等一覧表

1 受検者が持参するもの

品名	寸法又は規格	数量	備考
スクレーパ(力棒)	刃幅20mm	1本	
鋲かき		1本	
ディスクサンダ	100V用、回転板φ100mm (安全カバー付)	1台	
ディスクサンダ付属工具		一式	
ワイヤブラシ		1本	
ダスタばけ		1本	
保護眼鏡		1個	
防じんマスク		1個	国家検定に合格したもの
下げ缶	重さ100g程度の プラスチック製のもの	1個	金属製のものには、ポリ製の 内容器を使用することでもよい。
寸筒ばけ	毛幅約50mm	1本	平ばけでもよい。
筋違いばけ	毛幅約30mm	1本	
作業服等		一式	上衣は長袖とする。
ウエス		若干	
墜落制止用器具(安全帯)	フルハーネス型又は胴ベルト 型(1本つり)	1本	
保護帽		1個	
作業靴		1足	安全靴又は安全地下たび
ディスクサンダ用 サンドペーパー	50番、φ100mm	2枚	
研磨布	80番	2枚	
マスキングテープ	12mm幅	1巻	
筆記用具		適宜	

注：使用工具等の種類は、上記のものに限るが、同一種類のものを予備として持参することは差し支えない。

2　試験場で準備されているもの

数量欄の数字は、断りのない限り受検者1名当たりの数量を示す。

<table>
<tr><th>品名</th><th colspan="2">寸法又は規格</th><th>数量</th><th>備考</th></tr>
<tr><td>作業台</td><td colspan="2">約1m×1m　高さ約0.7m</td><td>1台</td><td></td></tr>
<tr><td>机</td><td colspan="2">約1m×1m　高さ約0.7m</td><td>受検者5名
当たり1個程度</td><td>作業2用</td></tr>
<tr><td rowspan="2">塗料</td><td rowspan="2">弱溶剤形ふっ素樹脂
塗料用中塗</td><td>主剤</td><td>※</td><td>作業2及び作業3用</td></tr>
<tr><td>硬化剤</td><td>※</td><td>作業2及び作業3用</td></tr>
<tr><td rowspan="2">シンナー</td><td colspan="2">塗料用シンナー</td><td>100g</td><td>作業2及び作業3用</td></tr>
<tr><td colspan="2">洗い用シンナー</td><td>適宜</td><td>作業2及び作業3用</td></tr>
<tr><td>はかり</td><td colspan="2">秤量1kg　感量1g　程度</td><td>受検者5名
当たり1台程度</td><td></td></tr>
</table>

※　塗料(主剤及び硬化剤)の数量については、試験当日に提示する。

令和2年度 技能検定
1級 塗装(鋼橋塗装作業)
実技試験問題

次の注意事項に従って、作業1、作業2、作業3及び作業4を行いなさい。

1 試験時間

作業番号	1	2	3	4
試験時間	30分	10分	10分	10分

2 注意事項

(1) 支給された材料の品名、数量等が「4 支給材料」のとおりであることを確認すること。

(2) 支給された材料に異常がある場合は、申し出ること。

(3) 試験開始後は、原則として、支給材料の再支給をしない。

(4) 使用工具等は、使用工具等一覧表で指定した以外のものは使用しないこと。

(5) 試験中は、工具等の貸し借りを禁止する。

(6) 作業時の服装等は、作業に適したものとし、墜落制止用器具(安全帯)、保護帽及び作業靴(安全靴又は安全地下たび)を着用すること。

(7) 作業の順序は、作業1、作業2、作業3、作業4の順とする。

(8) 作業1及び作業3については、開始の合図により一斉に始め、作業終了の合図をもって終了するものとするが、作業が作業終了の合図の前に終了した場合は、技能検定委員に申し出ること。

(9) 作業1については、保護眼鏡及び防じんマスクを使用して行うこと。
なお、除去した塗膜は、指定した容器に捨てること。

(10) 作業1、作業2及び作業3が終了した時点で採点を行うので、その間は、指定された場所で待機すること。

(11) 作業4について、試験当日に配付される解答用紙には、受検番号及び氏名を記入するとともに、「試験板番号」の欄には、技能検定委員の指示に従い、試験板番号を記入すること。
なお、解答用紙は、技能検定委員に提出すること。

(12) この問題には、事前に書き込みをしないこと。また、試験中には、他の用紙にメモをしたものや参考書等を参照することは禁止とする。

(13) 試験中は、携帯電話、スマートフォン、ウェアラブル端末等の使用(電卓機能の使用を含む。)を禁止とする。

3　作業内容

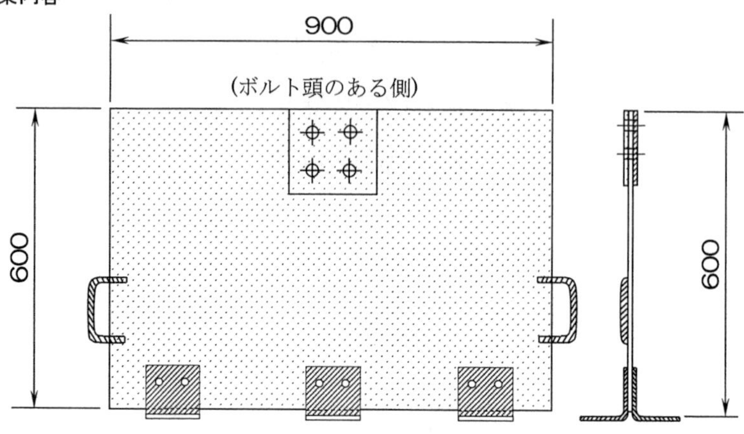

図1：作業板　(単位：mm)

注1：　　部分を塗膜除去及び塗装すること。
注2：裏側は、塗膜除去及び塗装をしないこと。
注3：　　部分(斜線部分)は、塗膜除去及び塗装をしないこと。

作業1

(1)　図1に示す作業板の添接部(添接板及びボルト頭)を除く旧塗膜を電動工具を使用して除去しなさい。

(2)　添接部の旧塗膜を手工具を使用して除去しなさい。

(3)　旧塗膜を除去した部分をワイヤブラシ、研磨布及びダスタばけを使用して清掃しなさい。

【仕様】

(1)　除去作業は、立ててある作業板を作業台の上にねかせ、安定用枕木を使用して行うこと。

(2)　作業終了後は、作業板を作業台の上に立たせておくこと。

作業2

支給された弱溶剤形ふっ素樹脂塗料用中塗を調合しなさい。

【仕様】

(1)　支給された主剤(ベース)、硬化剤及び塗料用シンナーを混合し、はけ塗り作業に適する粘度に調整すること。

(2)　主剤及び硬化剤の数量、主剤と硬化剤の混合比は、試験当日に指示するので、適切な混合比になるように調整すること。
　なお、主剤は、支給された全量を使用すること。

(3)　主剤、硬化剤及び塗料用シンナーの混合は、主剤の入った容器を使用すること。

(4)　塗料の調合が完了したら、技能検定委員に申し出ること。

作業3

作業2で調合した弱溶剤形ふっ素樹脂塗料用中塗を使用して、作業1により旧塗膜を除去した作業板(添接部を含む。)の全面を均一に塗装しなさい。

【仕様】

(1) 塗装しない箇所との境界は、マスキングテープを使用して養生すること。ただし、マスキングテープは、塗装後除去すること。

(2) 塗料の塗付量は、120g/m^{2}とすること。

(3) 塗装作業は、作業板を作業台の上にねかせ、安定用枕木を使用して行うこと。

(4) 作業終了後は、作業板を作業台の上に立たせておくこと。

(5) 作業開始前及び作業終了後に、塗料容器及びはけを指定されたところに持参し、計量を受けること。

作業4

電磁微厚計を校正して図2に示す試験板に記された測定点1～5の塗膜厚を測定し、測定結果を与えられた解答用紙に記録しなさい。その際、電磁微厚計のプローブが2極式(馬蹄式)の場合は、指定された線内Aを、1点接触定圧式の場合は、指定された区域内Bを測定しなさい。

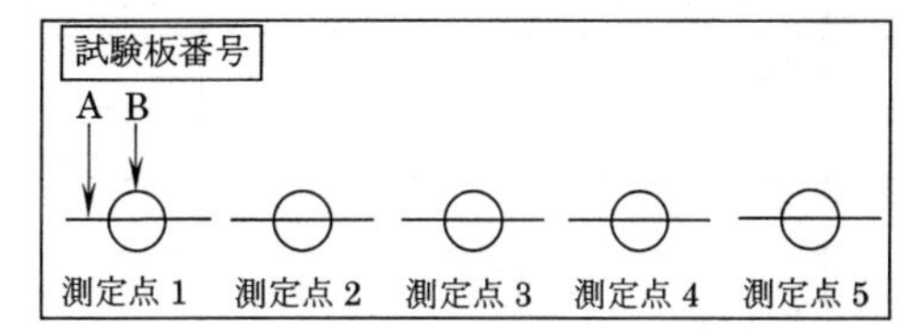

図2：試験板

4 支給材料

品名	寸法又は規格	数量	備考
作業板	鋼板　3.2×600×900mm	1枚	
安定用枕木	約60×100×300mm	2本	
かくはん棒	ϕ 10mm×200mm	1本	

1級 塗装(鋼橋塗装作業)実技試験 使用工具等一覧表

1 受検者が持参するもの

品名	寸法又は規格	数量	備考
スクレーパ(力棒)	刃幅20mm	1本	
鋲かき		1本	
ディスクサンダ	100V用、回転板φ100mm (安全カバー付)	1台	
ディスクサンダ付属工具		一式	
ワイヤブラシ		1本	
ダスタばけ		1本	
保護眼鏡		1個	
防じんマスク		1個	国家検定に合格したもの
下げ缶	重さ100g程度の プラスチック製のもの	1個	金属製のものには、ポリ製の 内容器を使用することでもよい。
寸筒ばけ	毛幅約50mm	1本	平ばけでもよい。
筋違いばけ	毛幅約30mm	1本	
作業服等		一式	上衣は長袖とする。
ウエス		若干	
墜落制止用器具(安全帯)	フルハーネス型又は胴ベルト 型(1本つり)	1本	
保護帽		1個	
作業靴		1足	安全靴又は安全地下たび
ディスクサンダ用 サンドペーパー	50番、φ100mm	2枚	
研磨布	80番	2枚	
マスキングテープ	12mm幅	1巻	
筆記用具		適宜	

注：使用工具等の種類は、上記のものに限るが、同一種類のものを予備として持参することは差し支えない。

2　試験場で準備されているもの

数量欄の数字は、断りのない限り受検者1名当たりの数量を示す。

<table>
<tr><th>品名</th><th colspan="2">寸法又は規格</th><th>数量</th><th>備考</th></tr>
<tr><td>作業台</td><td colspan="2">約1m×1m　高さ約0.7m</td><td>1台</td><td></td></tr>
<tr><td>机</td><td colspan="2">約1m×1m　高さ約0.7m</td><td>受検者5名
当たり1個程度</td><td>作業2及び作業4用</td></tr>
<tr><td rowspan="2">塗料</td><td rowspan="2">弱溶剤形ふっ素樹脂
塗料用中塗</td><td>主剤</td><td>※</td><td>作業2及び作業3用</td></tr>
<tr><td>硬化剤</td><td>※</td><td>作業2及び作業3用</td></tr>
<tr><td rowspan="2">シンナー</td><td colspan="2">塗料用シンナー</td><td>100g</td><td>作業2及び作業3用</td></tr>
<tr><td colspan="2">洗い用シンナー</td><td>適宜</td><td>作業2及び作業3用</td></tr>
<tr><td>はかり</td><td colspan="2">秤量1kg　感量1g　程度</td><td>受検者5名
当たり1台程度</td><td></td></tr>
<tr><td>試験板
(塗装鋼板)</td><td colspan="2">JIS G 3101　SS400
4.0×100×300mm
塗装済み</td><td>受検者5名
当たり1枚程度</td><td>作業4用</td></tr>
<tr><td>電磁微厚計</td><td colspan="2">2極式(馬蹄式)又は1点接触定圧式
アナログ式</td><td>受検者5名
当たり1個程度</td><td>0点調整板及び50μm
標準板付き　作業4用</td></tr>
</table>

※　塗料(主剤及び硬化剤)の数量については、試験当日に提示する。

塗装

学科試験問題

平成31年度 技能検定
2級 塗装 学科試験問題
(建築塗装作業)

1. 試験時間　1時間40分
2. 問題数　50題(A群25題、B群25題)
3. 注意事項

(1) 係員の指示があるまで、この表紙はあけないでください。

(2) 答案用紙(真偽法と多肢択一法の併用)に検定職種名、作業名、級別、受検番号、氏名を必ず記入してください。

(3) 係員の指示に従って、問題数を確かめてください。それらに異常がある場合は、黙って手を挙げてください。問題はA群(真偽法)とB群(多肢択一法)とに分かれています。

(4) 試験開始の合図で始めてください。

(5) 解答の方法(真偽法と多肢択一法の併用)は次のとおりです。

イ. A群の問題(真偽法)は、一つ一つの問題の内容が正しいか、誤っているかを判断して解答してください。

ロ. B群の問題(多肢択一法)は、正解と思うものを一つだけ選んで、解答してください。二つ以上に解答した場合は誤答となります。

ハ. 答案用紙(マークシート用紙)へ解答する際は、答案用紙に記載されている注意事項に従ってください。

ニ. 答案用紙の解答欄は、A群の問題とB群の問題とでは異なります。所定の解答欄に、試験問題の題数に応じて解答してください。解答欄はA群は50題まで、B群は25題まで解答できるようになっています。

(6) 電子式卓上計算機その他これと同等の機能を有するものは、使用してはいけません。

(7) 携帯電話等は、使用してはいけません。

(8) 試験中、質問があるときは、黙って手を挙げてください。ただし、試験問題の内容、漢字の読み方等に関する質問にはお答えできません。

(9) 試験終了時刻前に解答ができあがった場合は、黙って手を挙げて、係員の指示に従ってください。

(10) 試験中に手洗いに立ちたいときは、黙って手を挙げて、係員の指示に従ってください。

(11) 試験終了の合図があったら、筆記用具を置き、係員の指示に従ってください。

［A群(真偽法)］

1　塗料には、防火を目的としたものはない。

2　ホットスプレー塗装では、塗料をヒータで加熱して吹き付ける。

3　一般に、目視法による塗料の色合わせは、直射日光を避けて行う。

4　日本工業規格(JIS)によれば、指触乾燥は、塗った面の中央を指先でかるくこすってみて塗面にすり跡が付かない状態になったときをいうと規定されている。

5　日本工業規格(JIS)によれば、促進耐候試験は、日光、風雨などの作用による塗膜の劣化の傾向の一部を短時間に試験するために、紫外線又は太陽光に近似の光線などを照射し、水を吹き付けるなどして行う人工的な試験と規定されている。

6　塗膜のゆず肌は、エアスプレー塗装において、塗料の粘度が低すぎるときに生じやすい。

7　養生テープを被塗物に貼るときは、塗装後に剝(は)がしやすいように、できるだけゆるく貼るのがよい。

8　日本工業規格(JIS)によれば、研磨材の粒度による種類でP220の研磨紙は、P400の研磨紙よりも研磨材の粒子が細かい。

9　変性エポキシ樹脂プライマーは、ステンレス鋼、アルミニウム合金、亜鉛めっき鋼板への下塗りに適している。

10　溶剤の引火点とは、溶剤に点火源を近づけなくても溶剤が発火する最低温度をいう。

11　ふっ素樹脂塗料の上塗りにおいて、冬期での乾燥性を良くするためには、硬化剤を規定値よりも増量するとよい。

12　赤、黄、青は、無彩色である。

13　マンセル記号が$N3$の色は、$N5$の色よりも明るい灰色である。

14　明度の低い色は、膨張色である。

15　トルエンは、特定化学物質の環境への排出量の把握等及び管理の改善の促進に関する法律(PRTR法)関係法令の対象化学物質である。

[A群(真偽法)]

16 屋内で有機溶剤を含む塗料を塗装する場合、作業者は、防じんマスクを付けて作業を行わなければならない。

17 亜鉛めっき鋼材に塗装する場合は、密着用の下地処理を行わないと、塗膜の剝離(はくり)を起こしやすい。

18 エッチングプライマーのうすめ液には、塗料用シンナーを用いる。

19 パテしごきとは、素地の全面にパテを塗り、余分なパテをしごき取って素地とパテ面の肌をそろえることをいう。

20 目止め剤は、木部の導管や切断面の穴に充填して素地に平滑性を出すために用いられる。

21 公共建築工事標準仕様書によれば、木部の素地ごしらえにおける研磨紙ずりには、粒度 P60～80 の研磨紙を使用すると規定されている。

22 公共建築改修工事標準仕様書によれば、鉄鋼面の下地調整の種別は、特記がなければ、RB種とすると規定されている。

23 スチップル仕上げは、布地を壁面に貼り付け、それに着色して布地が見えるようにした仕上げである。

24 圧送式スプレーガンは、一般に、重力式スプレーガンよりも連続塗装に適している。

25 鉄筋コンクリート構造は、圧縮に強いコンクリートと、引張りに強い鉄筋とを組み合わせた構造である。

[B群(多肢択一法)]

1　ローラーブラシ塗りをする被塗物として、適切でないものはどれか。
　イ　壁面
　ロ　天井
　ハ　屋根
　ニ　ボルト部

2　文中の(　　)内に当てはまる語句として、適切なものはどれか。
　調色において、最終の色の確認は、塗料が(　　)において行う。
　イ　塗装された直後
　ロ　指触乾燥した状態
　ハ　半硬化乾燥した状態
　ニ　硬化乾燥した状態

3　塗料の屋外乾燥に関する記述として、適切なものはどれか。
　イ　無機ジンクリッチペイントの乾燥には、相対湿度50%以下が好ましい。
　ロ　強風は、塗膜乾燥に有利なので、強風時の塗装は好ましい。
　ハ　塗料が十分乾燥する前に降雨が予想される場合は、塗装作業をしない方がよい。
　ニ　一般に、塗膜の乾燥速度は、気温が低い方が速い。

4　文中の(　　)内に当てはまる語句として、正しいものはどれか。
　日本工業規格(JIS)によれば、プルオフ法試験は、塗膜の(　　)を評価する試験方法である。
　イ　付着性
　ロ　耐薬品性
　ハ　乾燥性
　ニ　耐候性

5　塗膜の欠陥の名称とその現象の組合せとして、適切でないものはどれか。

	欠陥の名称		現　象
イ	白化	・・・・・・	塗膜の表面が粉化して光沢が低下し、こすると塗膜の表面が粉状に取れる。
ロ	ピンホール	・・・	塗膜に針跡のような細い穴があいている。
ハ	すけ	・・・・・・	上塗りをとおして下塗りの色が見える。
ニ	しわ	・・・・・・	塗膜にちりめん状の縮み模様が生じる。

6　塗装作業において、養生に使用しないものはどれか。
　イ　布テープ
　ロ　リムーバー
　ハ　ビニルシート
　ニ　飛散防止用ネット

[B群(多肢択一法)]

7　未乾燥状態の塗膜の膜厚を測定する機器はどれか。
　イ　渦電流式膜厚計
　ロ　マイクロメータ
　ハ　永久磁石式膜厚計
　ニ　くし形ゲージ

8　一般に、上塗り塗料として使用されないものはどれか。
　イ　有機ジンクリッチペイント
　ロ　長油性フタル酸樹脂塗料
　ハ　ポリウレタン樹脂塗料
　ニ　ふっ素樹脂塗料

9　うすめ液の使用目的として、適切でないものはどれか。
　イ　粘度調整
　ロ　乾燥速度調整
　ハ　塗り肌調整
　ニ　引火性調整

10　合成樹脂調合ペイントによる塗膜の硬化を速めることを目的として使用する添加剤はどれか。
　イ　増粘剤
　ロ　皮張り防止剤
　ハ　乾燥剤
　ニ　可塑剤

11　寒色はどれか。
　イ　赤
　ロ　黄
　ハ　赤紫
　ニ　青

12　マンセル記号 2.5YR 5.5／10において、明度を表す部分はどれか。
　イ　2.5
　ロ　YR
　ハ　5.5
　ニ　10

［B群(多肢択一法)］

13　日本工業規格(JIS)によれば、安全色の赤が意味するものはどれか。
　イ　防火
　ロ　稼働中
　ハ　安全状態
　ニ　注意警告

14　消防法関係法令によれば、引火性液体は、危険物の第何類に類別されるか。
　イ　第一類
　ロ　第二類
　ハ　第三類
　ニ　第四類

15　労働安全衛生法関係法令によれば、第二種有機溶剤等の区分を表す色はどれか。
　イ　青
　ロ　赤
　ハ　黄
　ニ　緑

16　文中の(　　)内に当てはまる語句の組合せとして、適切なものはどれか。
　施工直後のコンクリートは、含水率が(①)、(②)を示す。
　　①　　　　②
　イ　高く・・・アルカリ性
　ロ　高く・・・酸性
　ハ　低く・・・アルカリ性
　ニ　低く・・・酸性

17　反応硬化(熱硬化)形塗料でないものはどれか。
　イ　ふっ素樹脂塗料
　ロ　ウレタン樹脂塗料
　ハ　エポキシ樹脂塗料
　ニ　アクリルラッカー

18　文中の(　　)内に当てはまる語句として、正しいものはどれか。
　日本建築学会建築工事標準仕様書(JASS 18)によれば、亜鉛めっき鋼面のつや有合成樹脂エマルションペイント塗りにおいて通常実施する工程は、「素地調整→下塗り→(　　)→上塗り」と規定されている。
　イ　補修塗り
　ロ　パテかい
　ハ　中塗り
　ニ　研磨紙ずり

［B群(多肢択一法)］

19　日本工業規格(JIS)におけるエッチングプライマーに関する記述として、適切でないものはどれか。

イ　金属素地に対する塗装系の付着性を増加する目的で使用するものがある。

ロ　中塗り用の塗料である。

ハ　鋼板の素地面に一時的に防せい力を付与する目的で使用するものがある。

ニ　1種と2種がある。

20　鉄鋼面の素地調整に使用する器工具として、適切でないものはどれか。

イ　サンドブラスト

ロ　ハンドブレーカー

ハ　ワイヤブラシ

ニ　スクレーパー

21　文中の(　　)内に当てはまる語句として、正しいものはどれか。

公共建築改修工事標準仕様書によれば、鉄鋼面の下地調整の種別のうち、(　　)については、ディスクサンダー等により、塗膜及びさび等を全面除去すると規定されている。

イ　RA種

ロ　RB種

ハ　RC種

ニ　RD種

22　木部の合成樹脂調合ペイント仕上げにおける節止め材として、適切なものはどれか。

イ　クリヤラッカー

ロ　スパーワニス

ハ　セラックニス

ニ　水性シーラー

23　鋼板素地の脱脂方法として、適切なものはどれか。

イ　塩酸洗いの後、水洗いし、乾燥を行う。

ロ　りん酸洗いの後、水洗いし、乾燥を行う。

ハ　キシレンで洗浄後、乾燥を行う。

ニ　乾いたウエスでふき取った後、水洗いし、乾燥を行う。

[B群(多肢択一法)]

24　下図はスプレーガンの構造図であるが、図中のイ～ニのうち、空気量調節装置はどれか。

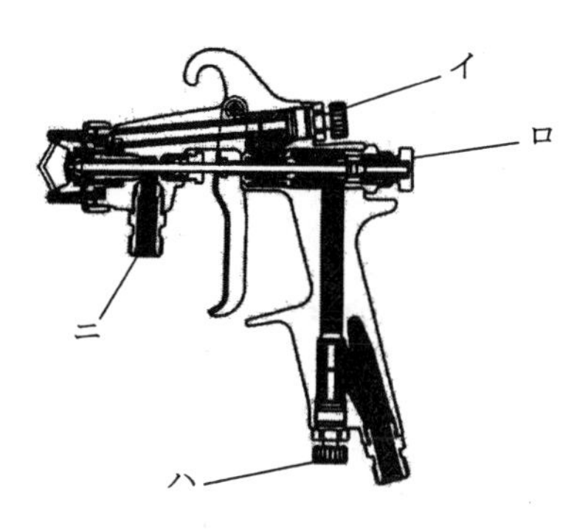

25　鉄骨造の略称はどれか。

イ　RC造
ロ　SRC造
ハ　S造
ニ　W造

平成30年度 技能検定
2級 塗装 学科試験問題
(建築塗装作業)

1. 試験時間　1時間40分
2. 問題数　50題(A群25題、B群25題)
3. 注意事項

(1) 係員の指示があるまで、この表紙はあけないでください。

(2) 答案用紙(真偽法と多肢択一法の併用)に検定職種名、作業名、級別、受検番号、氏名を必ず記入してください。

(3) 係員の指示に従って、問題数を確かめてください。それらに異常がある場合は、黙って手を挙げてください。問題はA群(真偽法)とB群(多肢択一法)とに分かれています。

(4) 試験開始の合図で始めてください。

(5) 解答の方法(真偽法と多肢択一法の併用)は次のとおりです。

イ. A群の問題(真偽法)は、一つ一つの問題の内容が正しいか、誤っているかを判断して解答してください。

ロ. B群の問題(多肢択一法)は、正解と思うものを一つだけ選んで、解答してください。二つ以上に解答した場合は誤答となります。

ハ. 答案用紙(マークシート用紙)へ解答する際は、答案用紙に記載されている注意事項に従ってください。

ニ. 答案用紙の解答欄は、A群の問題とB群の問題とでは異なります。所定の解答欄に、試験問題の題数に応じて解答してください。解答欄はA群は50題まで、B群は25題まで解答できるようになっています。

(6) 電子式卓上計算機その他これと同等の機能を有するものは、使用してはいけません。

(7) 携帯電話等は、使用してはいけません。

(8) 試験中、質問があるときは、黙って手を挙げてください。ただし、試験問題の内容、漢字の読み方等に関する質問にはお答えできません。

(9) 試験終了時刻前に解答ができあがった場合は、黙って手を挙げて、係員の指示に従ってください。

(10) 試験中に手洗いに立ちたいときは、黙って手を挙げて、係員の指示に従ってください。

(11) 試験終了の合図があったら、筆記用具を置き、係員の指示に従ってください。

[A群(真偽法)]

1　塗装の目的の一つには、被塗物を熱や光線から守ることがある。

2　エアレススプレー塗装は、一般に、エアスプレー塗装に比べて塗料の飛散が少ない。

3　塗料の粘度は、塗料の温度が低くなるにつれて低くなる。

4　指触乾燥とは、塗った面の中央に触れてみて、塗料で指先が汚れない状態になったときをいう。

5　日本工業規格(JIS)の引っかき硬度(鉛筆法)によれば、塗膜の硬さは、鉛筆の芯の硬さと同じ記号で表される。

6　塗装直後に塗膜を急激に加熱すると、塗膜にピンホールや泡が生じやすい。

7　養生に使用するマスキングテープは、粘着力の強いものほどよい。

8　エアスプレーガンでは、塗料粘度が高くなるほど、霧(噴霧粒子)は細かくなる。

9　一般に、ふっ素樹脂塗料は、エポキシ樹脂塗料よりも耐候性に優れている。

10　アクリルラッカーの希釈には、塗料用シンナーが適している。

11　低温時に2液形ポリウレタン樹脂塗料を塗装する場合には、硬化触媒(促進剤)を用いることがある。

12　赤は、無彩色である。

13　マンセル表色系において、色相RPは、赤紫を表す。

14　同じ彩度の色でも、面積が大きくなると、明るく鮮やかに見える。

15　ガソリンの引火点は、トルエンよりも高い。

16　引火性液体の温度が発火点に達すると、点火源がなくとも、燃焼する可能性がある。

17　せっこうボードは、接合部をパテ付け作業によって一面化すれば、塗装によって大壁を構成させることができる。

18　ポリウレタン樹脂塗料のうすめ液には、専用シンナーを用いる。

[A群(真偽法)]

19 中目止めは、中塗り塗料を1回塗装した後に、再度行う目止めのことである。

20 高湿度条件で乾燥の早いラッカーなどを塗装する際に発生するブラッシングを防止するためには、リターダーを使用するとよい。

21 鉄鋼面の素地ごしらえでは、ブラスト法によってさび落としした鉄鋼面は、2日～3日放置してから下塗りする方がよい。

22 スクレーパーは、狭あい部などの局部的な劣化箇所の除去作業に適した工具である。

23 短毛のローラーブラシは、主に、鉄板やモルタル壁などの平滑な塗装面を綺麗に仕上げるときに使用される。

24 幅の狭いものや小物などをエアスプレー塗装する場合には、一般に、スプレーパターンを平吹きに近いパターンに調整して塗装するとよい。

25 真壁造は、柱が室内にあらわれるが、大壁造は、柱が室内にはあらわれない。

[B群(多肢択一法)]

1　塗装方法とその一般的な特徴の組合せとして、適切でないものはどれか。

	塗装方法	特徴
イ	ホットスプレー塗り・・	希釈用シンナーを多量に使用する。
ロ	粉体塗装・・・・・・・	溶剤が不要である。
ハ	電着塗装・・・・・・・	被塗物が複雑な形状でも塗り残しが少ない。
ニ	たんぽずり・・・・・・	塗面が平滑になる。

2　淡彩色の調色に関する記述として、適切でないものはどれか。
イ　白塗料に原色を少量ずつ加えながら作業する。
ロ　原色は、量を多く添加するものから混入していく。
ハ　黒は、添加しすぎると調色しにくくなる。
ニ　比色は、塗膜が未乾燥の状態で行う。

3　酸化重合反応によって硬化する塗料はどれか。
イ　塩化ビニル樹脂塗料
ロ　アクリル樹脂エマルション塗料
ハ　2液形ポリウレタン樹脂塗料
ニ　合成樹脂調合ペイント

4　塗膜の隠ぺい率測定に用いられる隠ぺい率試験紙は、2色に区分されているが、その2色の組合せとして、正しいものはどれか。
イ　白と赤
ロ　白と黒
ハ　白と黄
ニ　白と青

5　スプレー塗装において、塗料の粘度が高すぎることで発生する塗膜欠陥はどれか。
イ　たれ
ロ　かぶり
ハ　ゆず肌
ニ　はじき

6　塗装作業で使用する養生用品でないものはどれか。
イ　マスキングテープ
ロ　ジョイントテープ
ハ　ビニルシート
ニ　飛散防止用ネット

[B群(多肢択一法)]

7　下図のはけの名称として、適切なものはどれか。

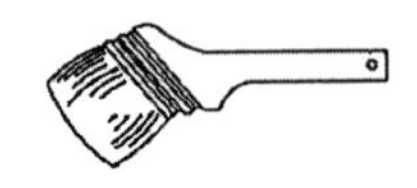

イ　たたきばけ
ロ　ずんどうばけ
ハ　すじかいばけ
ニ　丸ばけ

8　塗料の一般的な特徴に関する記述として、適切でないものはどれか。
イ　ハイソリッド形塗料は、固形分の多い塗料である。
ロ　ハイビルド形塗料は、薄膜形塗料である。
ハ　弱溶剤形塗料は、溶剤刺激臭が弱い環境配慮形塗料である。
ニ　無溶剤形塗料は、溶剤を含まない塗料である。

9　合成樹脂調合ペイントのシンナーの主成分として、適切なものはどれか。
イ　トルエン
ロ　キシレン
ハ　ミネラルスピリット
ニ　エチルアルコール

10　文中の(　　)内に当てはまる語句として、正しいものはどれか。
日本建築学会建築工事標準仕様書(JASS 18)によれば、(　　)は、下地面のくぼみ、すき間、目違い部分などにパテを付けて平らにする作業と規定されている。
イ　パテかい
ロ　節止め
ハ　下塗り
ニ　目止め

11　寒色はどれか。
イ　赤紫
ロ　緑
ハ　黄
ニ　青

［B群(多肢択一法)］

12　文中の(　　)内に当てはまる語句として、正しいものはどれか。
　日本工業規格(JIS)によれば、マンセル表色系は、色相、(　　)、彩度の三属性によって物体色を表すものと規定されている。
　イ　輝度
　ロ　明度
　ハ　濃度
　ニ　密度

13　日本工業規格(JIS)によれば、「防火」を意味する安全色はどれか。
　イ　青
　ロ　緑
　ハ　黄
　ニ　赤

14　廃棄物の処理及び清掃に関する法律関係法令によれば、産業廃棄物として規定されていないものはどれか。
　イ　汚泥
　ロ　廃油
　ハ　廃酸
　ニ　粗大ごみ

15　労働安全衛生法関係法令における有機溶剤による中毒の予防に関する記述として、適切でないものはどれか。
　イ　防じんマスクを使用する。
　ロ　送気マスクを使用する。
　ハ　有機ガス用防毒マスクを使用する。
　ニ　保護具は就業する労働者の人数と同数以上の数を備える。

16　次のうち、広葉樹はどれか。
　イ　マツ
　ロ　スギ
　ハ　ケヤキ
　ニ　ヒノキ

17　せっこうボード素地に直接上塗りを行う場合の塗料として、適切なものはどれか。
　イ　合成樹脂エマルションペイント
　ロ　2液形ポリウレタン樹脂エナメル
　ハ　アクリルシリコン樹脂エナメル
　ニ　常温乾燥形ふっ素樹脂エナメル

[B群(多肢択一法)]

18 木部のクリヤラッカー塗りの工程の順序として、適切なものはどれか。

イ サンジングシーラー塗り →ウッドシーラー塗り →クリヤラッカー塗り

ロ ウッドシーラー塗り →サンジングシーラー塗り →クリヤラッカー塗り

ハ サンジングシーラー塗り →クリヤラッカー塗り →ウッドシーラー塗り

ニ ウッドシーラー塗り →着色 →クリヤラッカー塗り

19 木部のクリヤ仕上げにおいて、木部の導管や切断面の穴に充填して平滑性を出すために使用する目止め剤の体質顔料として、最も適切なものはどれか。

イ セメント

ロ ウレタンコーキング

ハ 木屑

ニ との粉

20 公共建築工事標準仕様書において、木部の素地ごしらえに使用する研磨紙として規定されているものはどれか。

イ P60～100

ロ P120～220

ハ P280～400

ニ P500～800

21 文中の(　　)内に当てはまる語句として、適切なものはどれか。

公共建築改修工事標準仕様書によれば、鉄鋼面の下地調整の種別(　　)における既存塗膜の除去の方法については、ディスクサンダー、スクレーパー等により、劣化しぜい弱な部分及びさび等を除去し、活膜は残すと規定されている。

イ RA種

ロ RB種

ハ RC種

ニ RD種

22 水中で構造物に施工できる水中硬化形塗料はどれか。

イ エポキシ樹脂系塗料

ロ ポリウレタン樹脂系塗料

ハ アクリル樹脂系塗料

ニ アミノアルキド樹脂系塗料

23 一般に、パイプなどのR面や曲面部を能率的に塗装するものとして、最も適しているものはどれか。

イ スチップルローラー

ロ モルトローラー

ハ Cチャンネルローラー

ニ クッションローラー

[B群(多肢択一法)]

24　空気圧縮機の日常保守点検項目でないものはどれか。
　イ　安全弁の作動
　ロ　ドレンの排出
　ハ　異常音、振動
　ニ　モータの回転数

25　鉄骨鉄筋コンクリート造の略称はどれか。
　イ　RC造
　ロ　SRC造
　ハ　S造
　ニ　W造

平成31年度 技能検定
1級 塗装 学科試験問題
(建築塗装作業)

1. 試験時間　1時間40分
2. 問題数　50題(A群25題、B群25題)
3. 注意事項
   (1) 係員の指示があるまで、この表紙はあけないでください。
   (2) 答案用紙(真偽法と多肢択一法の併用)に検定職種名、作業名、級別、受検番号、氏名を必ず記入してください。
   (3) 係員の指示に従って、問題数を確かめてください。それらに異常がある場合は、黙って手を挙げてください。問題はA群(真偽法)とB群(多肢択一法)とに分かれています。
   (4) 試験開始の合図で始めてください。
   (5) 解答の方法(真偽法と多肢択一法の併用)は次のとおりです。
      イ. A群の問題(真偽法)は、一つ一つの問題の内容が正しいか、誤っているかを判断して解答してください。
      ロ. B群の問題(多肢択一法)は、正解と思うものを一つだけ選んで、解答してください。二つ以上に解答した場合は誤答となります。
      ハ. 答案用紙(マークシート用紙)へ解答する際は、答案用紙に記載されている注意事項に従ってください。
      ニ. 答案用紙の解答欄は、A群の問題とB群の問題とでは異なります。所定の解答欄に、試験問題の題数に応じて解答してください。解答欄はA群は50題まで、B群は25題まで解答できるようになっています。
   (6) 電子式卓上計算機その他これと同等の機能を有するものは、使用してはいけません。
   (7) 携帯電話等は、使用してはいけません。
   (8) 試験中、質問があるときは、黙って手を挙げてください。ただし、試験問題の内容、漢字の読み方等に関する質問にはお答えできません。
   (9) 試験終了時刻前に解答ができあがった場合は、黙って手を挙げて、係員の指示に従ってください。
   (10) 試験中に手洗いに立ちたいときは、黙って手を挙げて、係員の指示に従ってください。
   (11) 試験終了の合図があったら、筆記用具を置き、係員の指示に従ってください。

[A群(真偽法)]

1　塗装の目的には、色彩のもつ心理的・生理的性質を利用した仕事の能率向上などがある。

2　プラスチック部品などの絶縁性物質に静電塗装する場合は、通電剤の塗布が必要となる。

3　塗付された塗料は、一般に、乾燥すると色が淡くなる傾向がある。

4　日本工業規格(JIS)によれば、半硬化乾燥とは、塗面の中央を指先でかるくこすってみて、塗面にすり跡が付かない状態となったときをいうと規定されている。

5　日本工業規格(JIS)によれば、クロスカット法試験は、規定された乾燥時間経過後に塗膜が硬化乾燥状態に達しているかどうかの判定を行う試験と規定されている。

6　低沸点溶剤を多く含む塗料を高湿度の環境で塗装した場合は、塗面に白化現象が生じやすい。

7　ストリッパブルペイントは、剥離(はくり)剤の一種である。

8　ポンプの圧力倍率が30：1のエアレススプレー塗装機では、圧縮空気圧が0.4MPaの場合、塗料の噴出圧は、12.0MPaとなる。ただし、摩擦抵抗等による圧力損失は考えないものとする。

9　塗膜の耐屈曲性とは、塗膜が素地の変形に抵抗して屈曲しにくい性質をいう。

10　有機溶剤である酢酸エチル、酢酸ブチル、トルエン及びキシレンの蒸気は、空気よりも比重が小さいため、空気中で高度の高い方へ流れる。

11　2液形ポリウレタン樹脂塗料などに含まれるイソシアネート基は、空気中の水分と反応しやすい。

12　色の軽重感は、主として、明度によって影響される。

13　マンセル記号で*N*3の色は、*N*7の色よりも明度が高い。

14　同じ彩度の色では、一般に、面積が小さくなると、明るく鮮やかに見える。

15　消防法関係法令によれば、溶剤形ポリウレタン樹脂塗料は、危険物第四類に分類される。

[A群(真偽法)]

16　有機溶剤中毒予防規則によれば、有機溶剤等を取り扱う有害な業務に労働者を常時従事させる場合、事業者は、1年以内ごとに1回、定期に、医師による健康診断を行わなければならないと規定されている。

17　労働安全衛生法関係法令によれば、酸素欠乏とは、空気中の酸素の濃度が18%未満である状態をいうと規定されている。

18　アルミニウムは、一般に、アルカリに侵されやすい。

19　一般に、エポキシ樹脂塗料は、紫外線に強いため、屋外塗装の最終仕上げに適している。

20　日本建築学会建築工事標準仕様書(JASS 18)によれば、つや有合成樹脂エマルションペイント塗りでは、A種・B種とも、上塗りの回数は1回と規定されている。

21　クリア塗装する木部の素地調整に使用するポータブルサンダは、回転運動式のものが最も適している。

22　公共建築改修工事標準仕様書によれば、外部の木部の下地調整においては、穴埋めに合成樹脂エマルションパテを用いることと規定されている。

23　ローラーブラシ塗りでは、一般に、隠蔽力(かぶり)のよい塗料を使用しないと、ローラーマークの凹部で塗膜のすけが目立ち、仕上がりが悪くなる。

24　多彩模様塗料の吹付けには、一般に、外部混合式スプレーガンが使用される。

25　真壁造は、柱が室内に現れる構造である。

[B群(多肢択一法)]

1　塗装法とその一般的な特徴との組合せとして、適切でないものはどれか。

	塗装法	特徴
イ	浸漬塗装・・・・・・・・	被塗装面に塗料を流しかけて塗装する。
ロ	ホットスプレー塗装・・・	塗料を加温して吹き付ける。
ハ	エアレススプレー塗装・・	塗料を直接加圧し、強制的に霧化させて吹き付ける。
ニ	静電塗装・・・・・・・・	被塗物にアースを取ってプラス側とし、塗料をマイナスに帯電させて吹き付ける。

2　塗料の調合に関する記述として、適切なものはどれか。

イ　塗料の色合わせを行う場合は、配合量の少ない色の塗料から順に混合するとよい。

ロ　無溶剤形変性エポキシ樹脂塗料は、シンナーで希釈してはならない。

ハ　多液形塗料を調合する場合は、塗膜の硬化不良を防止するために、硬化剤を規定よりも多く添加するとよい。

ニ　多液形塗料の可使時間が過ぎた場合は、シンナーで希釈するとよい。

3　塗膜の硬化機構に関する記述として、適切でないものはどれか。

イ　塗料中の溶剤が蒸発することにより塗膜が硬化することを揮発硬化という。

ロ　赤外線の照射により塗膜が重合・硬化することを光重合硬化という。

ハ　塗膜が空気中の酸素と反応して酸化し、さらに重合を伴って硬化することを酸化重合硬化という。

ニ　塗料に添加された触媒・硬化剤の働きにより塗膜が硬化することを付加重合硬化という。

4　日本工業規格(JIS)の引っかき硬度(鉛筆法)試験に関する記述として、適切なものはどれか。

イ　試験に使用する鉛筆をけずる場合、鉛筆のしんは、先のとがった円錐形となるようにけずる。

ロ　試験の間、鉛筆は、塗面に対して垂直に保持する。

ハ　試験は、手かき法により行ってもよい。

ニ　試験は、塗膜に傷跡が生じるまで鉛筆の硬度スケールを上げて繰り返し、塗膜に初めて傷跡が生じたときの鉛筆の硬度を塗膜の鉛筆硬度とする。

5　塗膜の欠陥とその対策の組合せとして、適切でないものはどれか。

	欠陥	対策
イ	はけ目・・・	塗料の粘度を上げる。
ロ	にじみ・・・	適切な塗装間隔をとる。
ハ	剝(は)がれ・・・	入念な素地ごしらえをする。
ニ	白亜化・・・	耐候性の良い塗料を選択する。

[B群(多肢択一法)]

6　文中の(　　)内に当てはまる語句の組合せとして、適切なものはどれか。

エアスプレーガンでは、塗料の噴出量に対する空気量を(①)するほど霧が細かくなり、塗料粘度が(②)なるほど霧が粗くなる。

	①	②
イ	多く・・・	高く
ロ	多く・・・	低く
ハ	少なく・・	高く
ニ	少なく・・	低く

7　酸化重合硬化形の塗料はどれか。

イ　エポキシ樹脂塗料
ロ　2液形ポリウレタン樹脂塗料
ハ　長油性フタル酸樹脂塗料
ニ　ふっ素樹脂塗料

8　アルコール系溶剤を主成分とするシンナーを使用する塗料はどれか。

イ　2液形ポリウレタン樹脂塗料
ロ　エッチングプライマー
ハ　長油性フタル酸樹脂塗料
ニ　ふっ素樹脂塗料

9　塗膜に可とう性(柔軟性)を与えることを目的として使用される添加剤はどれか。

イ　乾燥剤
ロ　可塑剤
ハ　増粘剤
ニ　沈降防止剤

10　日本工業規格(JIS)によれば、理想的な黒の明度はどれか。

イ　0
ロ　1
ハ　8
ニ　10

11　明るい黄緑に該当するマンセル記号はどれか。

イ　5YR 8／10
ロ　6YR 5／6
ハ　6GY 5／4
ニ　7GY 8／8

[B群(多肢択一法)]

12 日本工業規格(JIS)によれば、放射能を意味する安全色はどれか。
イ 黄
ロ 黄赤
ハ 赤
ニ 赤紫

13 日本工業規格(JIS)によれば、配管系の識別表示における管内の物質の種類とその識別色の組合せとして、正しいものはどれか。
物質　　識別色
イ 水・・・・暗い赤
ロ 蒸気・・・うすい黄
ハ 空気・・・白
ニ ガス・・・青

14 消防法関係法令によれば、危険物第四類第一石油類の非水溶性液体の指定数量として、正しいものはどれか。
イ 200リットル
ロ 400リットル
ハ 1000リットル
ニ 2000リットル

15 特定化学物質障害予防規則において、特定化学物質として規制の対象となっているものはどれか。
イ トルエン
ロ キシレン
ハ エチルベンゼン
ニ エチルアルコール

16 モルタル外壁面の下地処理に使用するパテとして、最も適切なものはどれか。
イ カシュー樹脂パテ
ロ オイルパテ
ハ エポキシ樹脂パテ
ニ 不飽和ポリエステル樹脂パテ

[Ｂ群(多肢択一法)]

17　合成樹脂調合ペイントの特長に関する記述として、最も適切なものはどれか。

イ　耐アルカリ性がよい。

ロ　耐水性がよい。

ハ　耐溶剤性がよい。

ニ　作業性がよい。

18　日本建築学会建築工事標準仕様書(JASS 18)によれば、木質系素地面のステイン塗りA種における作業工程に含まれないものはどれか。

イ　着色

ロ　中塗り

ハ　上塗り

ニ　ワックスふき

19　日本建築学会建築工事標準仕様書(JASS 18)によれば、セメント系素地及びせっこうボード素地面の素地調整の種別において、素地調整の工法として、素地全面にパテ、下地調整塗材を塗り平たんに仕上げる(パテ付け)と規定されているものはどれか。

イ　1種

ロ　2種

ハ　3種

ニ　4種

20　公共建築改修工事標準仕様書における木部の下地調整の種別RB種での下地面の処理方法に関する記述として、適切でないものはどれか。

イ　既存塗膜は、劣化部分を全面除去し、活膜は残す。

ロ　汚れ、付着物は、木部を傷つけないように除去し、油類は、溶剤等でふき取る。

ハ　穴埋めは、不要である。

ニ　節止めは、セラックニスを用いて行う。

21　文中の(　　)内に当てはまる数値として、正しいものはどれか。

日本建築学会建築工事標準仕様書(JASS 18)によれば、合成樹脂調合ペイントの上塗り1回目の塗付け量は、(　　)kg／m²と規定されている。

イ　0.08

ロ　0.14

ハ　0.20

ニ　0.32

[B群(多肢択一法)]

22 公共建築工事標準仕様書において、亜鉛めっき鋼面のさび止め塗料として、使用しないものはどれか。

イ　1液形変性エポキシ樹脂さび止めペイント
ロ　鉛・クロムフリーさび止めペイント
ハ　変性エポキシ樹脂プライマー
ニ　水系さび止めペイント

23 エアレススプレー塗装において、吹付けパターンの両端にテールが生じる要因はどれか。

イ　塗料の加圧圧力が低い。
ロ　塗料の粘度が低い。
ハ　スプレーガンの運行速度が遅い。
ニ　吹付け距離が遠い。

24 建築物の構造で、一体式構造はどれか。

イ　鉄骨造
ロ　鉄筋コンクリート造
ハ　木造
ニ　コンクリートブロック造

平成30年度 技能検定
1級 塗装 学科試験問題
(建築塗装作業)

1. 試験時間　1時間40分
2. 問題数　50題(A群25題、B群25題)
3. 注意事項

(1) 係員の指示があるまで、この表紙はあけないでください。

(2) 答案用紙(真偽法と多肢択一法の併用)に検定職種名、作業名、級別、受検番号、氏名を必ず記入してください。

(3) 係員の指示に従って、問題数を確かめてください。それらに異常がある場合は、黙って手を挙げてください。問題はA群(真偽法)とB群(多肢択一法)とに分かれています。

(4) 試験開始の合図で始めてください。

(5) 解答の方法(真偽法と多肢択一法の併用)は次のとおりです。

イ. A群の問題(真偽法)は、一つ一つの問題の内容が正しいか、誤っているかを判断して解答してください。

ロ. B群の問題(多肢択一法)は、正解と思うものを一つだけ選んで、解答してください。二つ以上に解答した場合は誤答となります。

ハ. 答案用紙(マークシート用紙)へ解答する際は、答案用紙に記載されている注意事項に従ってください。

ニ. 答案用紙の解答欄は、A群の問題とB群の問題とでは異なります。所定の解答欄に、試験問題の題数に応じて解答してください。解答欄はA群は50題まで、B群は25題まで解答できるようになっています。

(6) 電子式卓上計算機その他これと同等の機能を有するものは、使用してはいけません。

(7) 携帯電話等は、使用してはいけません。

(8) 試験中、質問があるときは、黙って手を挙げてください。ただし、試験問題の内容、漢字の読み方等に関する質問にはお答えできません。

(9) 試験終了時刻前に解答ができあがった場合は、黙って手を挙げて、係員の指示に従ってください。

(10) 試験中に手洗いに立ちたいときは、黙って手を挙げて、係員の指示に従ってください。

(11) 試験終了の合図があったら、筆記用具を置き、係員の指示に従ってください。

[A群(真偽法)]

1　塗料には、防火を目的としたものもある。

2　タッチアップ塗装とは、塗装部の全体的な塗り直しをいう。

3　日本工業規格(JIS)によれば、塗膜の色の目視比較に用いる自然昼光照明は、試験片が置かれる部分では均一であり、少なくとも2000lxレベルの照度でなければならないと規定されている。

4　合成樹脂調合ペイントは、空気中の炭酸ガスと反応して硬化乾燥する。

5　日本工業規格(JIS)によれば、クロスカット法試験は、塗膜の硬度を測定する試験である。

6　ブリードとは、塗膜の表面が劣化し、粉状となる現象をいう。

7　ストリッパブルペイントの主な目的は、さび、汚れ、擦傷等から被塗物を一時的に保護することである。

8　エアスプレーガンでは、霧化空気圧を高くして吐出空気量を多くするほど、霧の粒子は粗くなる。

9　塗膜の耐候性とは、屋外で日光、風雨、露霜、寒暖、乾湿等の自然の作用に抵抗して変化しにくい性質をいう。

10　塗料の溶剤として使用される酢酸エチルは、水よりも比重が小さい。

11　リターダーは、高沸点溶剤を主成分としている。

12　赤と青緑は、補色関係にある。

13　日本工業規格(JIS)によれば、無彩色は、明度の数値の前に無彩色の記号Nを付けて記載する。

14　同じ明度の灰色の紙でも、白い紙の上に置いた場合には、黒い紙の上に置いた場合よりも明るく見える。

15　廃棄物の処理及び清掃に関する法律関係法令によれば、乾燥・固化した廃塗料(廃プラスチック類)は、一般廃棄物に分類される。

[A群(真偽法)]

16 安全データシート(SDS)は、化学品について、名称、成分及びその含有量、物理的及び化学的性質、人体に及ぼす作用、貯蔵又は取扱い上の注意、流出その他の事故が発生した場合において講ずべき応急の措置等に関する情報を記載する文書である。

17 消防法関係法令によれば、1気圧において、危険物第四類第二石油類は、第一石油類よりも引火点が低く、引火しやすい。

18 亜鉛めっき鋼板に塗装する場合は、密着用の下地処理を行わないと、塗膜剥離を起こしやすい。

19 ウッドシーラーの目的の一つには、木材素地への塗料の吸込みを抑えることがある。

20 金属面のブラスト処理後には、さび止め塗装は不要である。

21 日本建築学会建築工事標準仕様書(JASS 18)によれば、セメント系素地面塗装の素地調整3種の工法は、素地全面の清掃による汚れや突起物の除去と規定されている。

22 公共建築改修工事標準仕様書によれば、木部の塗替えにおいて、下地調整の種別がRB種である場合には、既存塗膜の除去範囲は、特記がなければ、塗替え面積の30%とすると規定されている。

23 日本建築学会建築工事標準仕様書(JASS 18)によれば、金属系素地面の合成樹脂調合ペイント塗りA種においては、下塗りに鉛・クロムフリーさび止めペイント1種を使用することと規定されている。

24 エアスプレーガンの運行速度は、一定に保つことが重要である。

25 ツーバイフォー工法とは、2cm×4cmの平角材を使用した軸組工法のことである。

［B群(多肢択一法)］

1　水性塗料槽に被塗物を浸漬し、直流電流を流して塗る塗装法はどれか。
　イ　たんぽずり
　ロ　ロールコーティング
　ハ　静電塗装
　ニ　電着塗装

2　塗料の調合に関する記述として、適切でないものはどれか。
　イ　無溶剤形変性エポキシ樹脂塗料は、シンナーで希釈してはならない。
　ロ　シンナーでの希釈率は、塗装法の種類によって異なる。
　ハ　多液形塗料の調合に際しては、混合比率を正しく守る必要がある。
　ニ　多液形塗料の可使時間が過ぎた場合は、シンナーで希釈するとよい。

3　熱風乾燥炉において、一般に、空気を暖める熱源として使用されないものはどれか。
　イ　重油の燃焼熱
　ロ　LPGの燃焼熱
　ハ　都市ガスの燃焼熱
　ニ　太陽熱

4　破壊式膜厚計はどれか。
　イ　電磁式膜厚計
　ロ　Vカット・スコープ式膜厚計
　ハ　永久磁石式膜厚計
　ニ　渦電流式膜厚計

5　マスキングテープの取扱いとして、一般に、適切でないものはどれか。
　イ　テープを貼る前の被塗面を十分に清掃しておく。
　ロ　テープを貼る前の被塗面を十分に乾燥させておく。
　ハ　テープに均一に圧力を加えて貼る。
　ニ　テープを剥がす際は、塗膜が完全に乾燥してから剥がす。

6　エアレススプレー塗装機の取扱いに関する記述として、適切でないものはどれか。
　イ　噴射圧力は、低圧から漏れを確認しながら高圧へと上げていく。
　ロ　噴射圧力の確認の際は、噴射孔に直接手を当てて確認する。
　ハ　吹付け距離は、一般に、30～40cmとする。
　ニ　運行速度は、一般に、70cm／秒程度とする。

[B群(多肢択一法)]

7　亜鉛の犠牲防食作用によって鋼材面を防せいする塗料はどれか。

イ　フェノール変性アルキド樹脂塗料

ロ　ポリウレタン樹脂塗料

ハ　無機ジンクリッチペイント

ニ　変性エポキシ樹脂塗料

8　消防法関係法令によれば、ミネラルスピリットは、どの危険物に該当するか。

イ　第四類第一石油類

ロ　第四類第二石油類

ハ　第四類第三石油類

ニ　第四類動植物油類

9　日本工業規格(JIS)によれば、理想的な白の明度はどれか。

イ　0

ロ　1

ハ　5

ニ　10

10　あざやかな青紫に該当するマンセル記号はどれか。

イ　5RP 7.5/4.5

ロ　5PB 4.5/7.5

ハ　9PB 3.5/13

ニ　7RP 5/13

11　日本工業規格(JIS)によれば、「警告」を意味する安全色はどれか。

イ　黄

ロ　緑

ハ　赤

ニ　青

[B群(多肢択一法)]

12 日本工業規格(JIS)によれば、配管系の識別表示における水管の識別色はどれか。
　イ 白
　ロ 茶色
　ハ うすい黄
　ニ 青

13 文中の(　　)内に当てはまる数値として、正しいものはどれか。
　廃棄物の処理及び清掃に関する法律関係法令によれば、事業者は、運搬受託者又は処分受託者に交付した管理票の写しを、当該管理票を交付した日から(　　)年間保存しなければならないと規定されている。
　イ 1
　ロ 3
　ハ 5
　ニ 10

14 労働安全衛生法関係法令において、局所排気装置の定期自主検査の検査項目として、規定されていないものはどれか。
　イ 排風機の注油状態
　ロ 吸気及び排気の能力
　ハ ダクトの接続部における緩みの有無
　ニ 駆動時の騒音レベル

15 文中の(　　)内に当てはまる数値として、正しいものはどれか。
　日本建築学会建築工事標準仕様書(JASS 18)によれば、木部の塗装を行う場合の木材の含水率は、(　　)%以下とすると規定されている。
　イ 18
　ロ 23
　ハ 30
　ニ 33

16 2液形の建築用ポリウレタン樹脂塗料はどれか。
　イ ポリオール硬化形ポリウレタン樹脂塗料
　ロ 湿気硬化形ポリウレタン樹脂塗料
　ハ 油変性形ポリウレタン樹脂塗料
　ニ ブロック形(熱硬化形) ポリウレタン樹脂塗料

［B群(多肢択一法)］

17　文中の(　　)内に当てはまる語句の組合せとして、正しいものはどれか。

日本工業規格(JIS)によれば、エッチングプライマー2種は、(①)の素地調整後、本格塗装を行うまでの間、一時的に(②)を付与する目的で、塗り付けた後、(③)以内に次の塗料を塗り重ねるように作ったものと規定されている。

	①	②	③
イ	アルミニウム板	付着力	数か月
ロ	PC板	防せい力	数日
ハ	木板	吸込み止め力	数日
ニ	鋼板	防せい力	数か月

18　日本建築学会建築工事標準仕様書(JASS 18)によれば、木質系素地面のステイン塗りB種における工程に含まれていないものはどれか。

イ　着色
ロ　色押さえ
ハ　上塗り
ニ　ワックスふき

19　さび止め塗装をしても溶接部がさびやすい要因として、適切でないものはどれか。

イ　溶接部位には凹凸が多いため
ロ　溶接部位には巣穴が多いため
ハ　溶接部位にスパッタが付着しているため
ニ　溶接部位は中和処理等がされているため

20　公共建築改修工事標準仕様書における木部の下地調整の種別RA種での処理方法に関する記述として、適切でないものはどれか。

イ　既存塗膜は、全面除去する。
ロ　汚れ、付着物は、木部を傷つけないように除去し、油類は、溶剤等でふき取る。
ハ　節止めは、不要である。
ニ　穴埋めには、合成樹脂エマルションパテを用いる。

21　文中の(　　)内に当てはまる数値として、正しいものはどれか。

日本建築学会建築工事標準仕様書(JASS 18)によれば、金属系素地面の合成樹脂調合ペイント塗りにおける上塗り1回目の標準膜厚は、(　　)μmと規定されている。

イ　15
ロ　25
ハ　35
ニ　45

[B群(多肢択一法)]

22　公共建築工事標準仕様書によれば、鉄鋼面さび止め塗料A種として規定されているものはどれか。

イ　鉛・クロムフリーさび止めペイント1種
ロ　鉛・クロムフリーさび止めペイント2種
ハ　変性エポキシ樹脂プライマー
ニ　水系さび止めペイント

23　一般に、空気圧縮機の吐出空気圧が上昇しない原因でないものはどれか。

イ　機器に空気漏れがある。
ロ　空気タンクにドレンがたまっている。
ハ　アンローダが負荷運転になっていない。
ニ　吐出弁・吸込弁に異常がある。

24　建築物の構造で、架構式構造はどれか。

イ　鉄骨造
ロ　ラーメン構造
ハ　鉄骨鉄筋コンクリート造
ニ　コンクリートブロック造

平成31年度 技能検定
2級 塗装 学科試験問題
(金属塗装作業)

1. 試験時間　1時間40分
2. 問題数　50題(A群25題、B群25題)
3. 注意事項
   (1) 係員の指示があるまで、この表紙はあけないでください。
   (2) 答案用紙(真偽法と多肢択一法の併用)に検定職種名、作業名、級別、受検番号、氏名を必ず記入してください。
   (3) 係員の指示に従って、問題数を確かめてください。それらに異常がある場合は、黙って手を挙げてください。問題はA群(真偽法)とB群(多肢択一法)とに分かれています。
   (4) 試験開始の合図で始めてください。
   (5) 解答の方法(真偽法と多肢択一法の併用)は次のとおりです。
      イ. A群の問題(真偽法)は、一つ一つの問題の内容が正しいか、誤っているかを判断して解答してください。
      ロ. B群の問題(多肢択一法)は、正解と思うものを一つだけ選んで、解答してください。二つ以上に解答した場合は誤答となります。
      ハ. 答案用紙(マークシート用紙)へ解答する際は、答案用紙に記載されている注意事項に従ってください。
      ニ. 答案用紙の解答欄は、A群の問題とB群の問題とでは異なります。所定の解答欄に、試験問題の題数に応じて解答してください。解答欄はA群は50題まで、B群は25題まで解答できるようになっています。
   (6) 電子式卓上計算機その他これと同等の機能を有するものは、使用してはいけません。
   (7) 携帯電話等は、使用してはいけません。
   (8) 試験中、質問があるときは、黙って手を挙げてください。ただし、試験問題の内容、漢字の読み方等に関する質問にはお答えできません。
   (9) 試験終了時刻前に解答ができあがった場合は、黙って手を挙げて、係員の指示に従ってください。
   (10) 試験中に手洗いに立ちたいときは、黙って手を挙げて、係員の指示に従ってください。
   (11) 試験終了の合図があったら、筆記用具を置き、係員の指示に従ってください。

［A群(真偽法)］

1 塗料には、防火を目的としたものはない。

2 ホットスプレー塗装では、塗料をヒータで加熱して吹き付ける。

3 一般に、目視法による塗料の色合わせは、直射日光を避けて行う。

4 日本工業規格(JIS)によれば、指触乾燥は、塗った面の中央を指先でかるくこすってみて塗面にすり跡が付かない状態になったときをいうと規定されている。

5 日本工業規格(JIS)によれば、促進耐候試験は、日光、風雨などの作用による塗膜の劣化の傾向の一部を短時間に試験するために、紫外線又は太陽光に近似の光線などを照射し、水を吹き付けるなどして行う人工的な試験と規定されている。

6 塗膜のゆず肌は、エアスプレー塗装において、塗料の粘度が低すぎるときに生じやすい。

7 養生テープを被塗物に貼るときは、塗装後に剥がしやすいように、できるだけゆるく貼るのがよい。

8 日本工業規格(JIS)によれば、研磨材の粒度による種類でP220の研磨紙は、P400の研磨紙よりも研磨材の粒子が細かい。

9 変性エポキシ樹脂プライマーは、ステンレス鋼、アルミニウム合金、亜鉛めっき鋼板への下塗りに適している。

10 溶剤の引火点とは、溶剤に点火源を近づけなくても溶剤が発火する最低温度をいう。

11 ふっ素樹脂塗料の上塗りにおいて、冬期での乾燥性を良くするためには、硬化剤を規定値よりも増量するとよい。

12 赤、黄、青は、無彩色である。

13 マンセル記号がN3の色は、N5の色よりも明るい灰色である。

14 明度の低い色は、膨張色である。

15 トルエンは、特定化学物質の環境への排出量の把握等及び管理の改善の促進に関する法律(PRTR法)関係法令の対象化学物質である。

[A群(真偽法)]

16 屋内で有機溶剤を含む塗料を塗装する場合、作業者は、防じんマスクを付けて作業を行わなければならない。

17 プラスチック材に塗装する場合には、素材の耐溶剤性を考慮する必要がある。

18 鋼材の黒皮(ミルスケール)は、ワイヤブラシでは十分に除去できない。

19 2液形ポリウレタン樹脂塗料は、常温では硬化しない。

20 吹付け塗装では、膜厚を確保したり、光沢を出すために、フラッシュオフタイムを適宜とるとよい。

21 鉄材の素地調整では、ブラスト処理後、素地が短時間でさびるので、直ちに一次防せい塗料を塗装するとよい。

22 金属塗装において、化成皮膜処理は、脱脂前に行う。

23 静電塗装では、被塗物を電気的に絶縁する必要がある。

24 エアスプレー塗装機において、エアコンプレッサからスプレーガンまでの空気ホースの長さは、スプレーガンに送られる圧縮空気の圧力降下に影響しない。

25 ライン塗装用山形式トンネル乾燥炉の形状は、トンネル内の熱の放出を抑えるために、出入口よりも中央部が高くなっている。

[B群(多肢択一法)]

1　ローラーブラシ塗りをする被塗物として、適切でないものはどれか。

イ　壁面
ロ　天井
ハ　屋根
ニ　ボルト部

2　文中の(　　)内に当てはまる語句として、適切なものはどれか。

調色において、最終の色の確認は、塗料が(　　)において行う。

イ　塗装された直後
ロ　指触乾燥した状態
ハ　半硬化乾燥した状態
ニ　硬化乾燥した状態

3　塗料の屋外乾燥に関する記述として、適切なものはどれか。

イ　無機ジンクリッチペイントの乾燥には、相対湿度50%以下が好ましい。
ロ　強風は、塗膜乾燥に有利なので、強風時の塗装は好ましい。
ハ　塗料が十分乾燥する前に降雨が予想される場合は、塗装作業をしない方がよい。
ニ　一般に、塗膜の乾燥速度は、気温が低い方が速い。

4　文中の(　　)内に当てはまる語句として、正しいものはどれか。

日本工業規格(JIS)によれば、プルオフ法試験は、塗膜の(　　)を評価する試験方法である。

イ　付着性
ロ　耐薬品性
ハ　乾燥性
ニ　耐候性

5　塗膜の欠陥の名称とその現象の組合せとして、適切でないものはどれか。

	欠陥の名称		現　象
イ	白化	・・・・・・	塗膜の表面が粉化して光沢が低下し、こすると塗膜の表面が粉状に取れる。
ロ	ピンホール	・・・	塗膜に針跡のような細い穴があいている。
ハ	すけ	・・・・・・	上塗りをとおして下塗りの色が見える。
ニ	しわ	・・・・・・	塗膜にちりめん状の縮み模様が生じる。

6　塗装作業において、養生に使用しないものはどれか。

イ　布テープ
ロ　リムーバー
ハ　ビニルシート
ニ　飛散防止用ネット

[B群(多肢択一法)]

7 未乾燥状態の塗膜の膜厚を測定する機器はどれか。

イ 渦電流式膜厚計

ロ マイクロメータ

ハ 永久磁石式膜厚計

ニ くし形ゲージ

8 一般に、上塗り塗料として使用されないものはどれか。

イ 有機ジンクリッチペイント

ロ 長油性フタル酸樹脂塗料

ハ ポリウレタン樹脂塗料

ニ ふっ素樹脂塗料

9 うすめ液の使用目的として、適切でないものはどれか。

イ 粘度調整

ロ 乾燥速度調整

ハ 塗り肌調整

ニ 引火性調整

10 合成樹脂調合ペイントによる塗膜の硬化を速めることを目的として使用する添加剤はどれか。

イ 増粘剤

ロ 皮張り防止剤

ハ 乾燥剤

ニ 可塑剤

11 寒色はどれか。

イ 赤

ロ 黄

ハ 赤紫

ニ 青

12 マンセル記号 2.5YR 5.5/10において、明度を表す部分はどれか。

イ 2.5

ロ YR

ハ 5.5

ニ 10

[B群(多肢択一法)]

13 日本工業規格(JIS)によれば、安全色の赤が意味するものはどれか。
イ 防火
ロ 稼働中
ハ 安全状態
ニ 注意警告

14 消防法関係法令によれば、引火性液体は、危険物の第何類に類別されるか。
イ 第一類
ロ 第二類
ハ 第三類
ニ 第四類

15 労働安全衛生法関係法令によれば、第二種有機溶剤等の区分を表す色はどれか。
イ 青
ロ 赤
ハ 黄
ニ 緑

16 アルミニウムの一般的な特徴として、適切でないものはどれか。
イ 酸に弱い。
ロ アルカリに弱い。
ハ ステンレス鋼より密度が小さい。
ニ 赤褐色の腐食生成物が生じる。

17 日本工業規格(JIS)によれば、電気亜鉛めっき鋼板を表す材料記号はどれか。
イ SPCC
ロ SECC
ハ SGCC
ニ SZACC

18 粉体塗装の一般的な特徴として、適切でないものはどれか。
イ 焼付け温度が高いため、塗装対象物が限られる。
ロ 30μm以下の薄膜化に適している。
ハ たれ、たまり等が発生しにくい。
ニ 有機溶剤の揮発がほとんどない。

19 熱硬化性樹脂はどれか。
イ 酢酸ビニル樹脂
ロ フェノール樹脂
ハ ポリプロピレン樹脂
ニ ポリスチレン樹脂

[B群(多肢択一法)]

20 鋼板に生じた深さ10mm程度の凹部の穴埋めに最も適したパテはどれか。
- イ カシューパテ
- ロ オイルパテ
- ハ 不飽和ポリエステル樹脂パテ(板金パテ)
- ニ ラッカーパテ

21 金属の素地調整において、素地を中性洗剤、石けん、苛性ソーダ等に浸漬して行う処理はどれか。
- イ クロメート化成皮膜処理
- ロ 脱脂処理(アルカリ法)
- ハ りん酸塩化成皮膜処理
- ニ さび落とし処理

22 旧塗膜を剥離するための工具でないものはどれか。
- イ ワイヤブラシ
- ロ 電動サンダ
- ハ ダスターブラシ
- ニ スクレーパ

23 エアスプレー塗装時に、塗膜にはじきが生じる原因として、最も可能性の高いものはどれか。
- イ エアスプレーガンの噴出エア圧力が高い。
- ロ エアスプレーガンの塗料噴出量が多い。
- ハ エアコンプレッサのエアにオイルが混入している。
- ニ エアコンプレッサのエアの温度が高い。

24 スプレーガンの運行に関する記述として、適切でないものはどれか。
- イ 被塗物に対して直角に保持し、吹付け距離を一定に保つ。
- ロ 円弧状に動かすと、膜厚が均等になる。
- ハ 運行速度が速すぎると、塗膜が薄くなる。
- ニ 塗重ね幅は、一定に保つ。

25 労働安全衛生法関係法令によれば、囲い式フードの塗装ブースにおける制御風速として、正しいものはどれか。
- イ 0.4m／秒
- ロ 1.2m／秒
- ハ 1.6m／秒
- ニ 2.0m／秒

平成30年度 技能検定
2級 塗装 学科試験問題
（金属塗装作業）

1. 試験時間　1時間40分
2. 問題数　50題(A群25題、B群25題)
3. 注意事項

(1) 係員の指示があるまで、この表紙はあけないでください。

(2) 答案用紙(真偽法と多肢択一法の併用)に検定職種名、作業名、級別、受検番号、氏名を必ず記入してください。

(3) 係員の指示に従って、問題数を確かめてください。それらに異常がある場合は、黙って手を挙げてください。問題はA群(真偽法)とB群(多肢択一法)とに分かれています。

(4) 試験開始の合図で始めてください。

(5) 解答の方法(真偽法と多肢択一法の併用)は次のとおりです。

イ．　A群の問題(真偽法)は、一つ一つの問題の内容が正しいか、誤っているかを判断して解答してください。

ロ．　B群の問題(多肢択一法)は、正解と思うものを一つだけ選んで、解答してください。二つ以上に解答した場合は誤答となります。

ハ．　答案用紙(マークシート用紙)へ解答する際は、答案用紙に記載されている注意事項に従ってください。

ニ．　答案用紙の解答欄は、A群の問題とB群の問題とでは異なります。所定の解答欄に、試験問題の題数に応じて解答してください。解答欄はA群は50題まで、B群は25題まで解答できるようになっています。

(6) 電子式卓上計算機その他これと同等の機能を有するものは、使用してはいけません。

(7) 携帯電話等は、使用してはいけません。

(8) 試験中、質問があるときは、黙って手を挙げてください。ただし、試験問題の内容、漢字の読み方等に関する質問にはお答えできません。

(9) 試験終了時刻前に解答ができあがった場合は、黙って手を挙げて、係員の指示に従ってください。

(10) 試験中に手洗いに立ちたいときは、黙って手を挙げて、係員の指示に従ってください。

(11) 試験終了の合図があったら、筆記用具を置き、係員の指示に従ってください。

[A群(真偽法)]

1 塗装の目的の一つには、被塗物を熱や光線から守ることがある。

2 エアレススプレー塗装は、一般に、エアスプレー塗装に比べて塗料の飛散が少ない。

3 塗料の粘度は、塗料の温度が低くなるにつれて低くなる。

4 指触乾燥とは、塗った面の中央に触れてみて、塗料で指先が汚れない状態になったときをいう。

5 日本工業規格(JIS)の引っかき硬度(鉛筆法)によれば、塗膜の硬さは、鉛筆の芯の硬さと同じ記号で表される。

6 塗装直後に塗膜を急激に加熱すると、塗膜にピンホールや泡が生じやすい。

7 養生に使用するマスキングテープは、粘着力の強いものほどよい。

8 エアスプレーガンでは、塗料粘度が高くなるほど、霧(噴霧粒子)は細かくなる。

9 一般に、ふっ素樹脂塗料は、エポキシ樹脂塗料よりも耐候性に優れている。

10 アクリルラッカーの希釈には、塗料用シンナーが適している。

11 低温時に2液形ポリウレタン樹脂塗料を塗装する場合には、硬化触媒(促進剤)を用いることがある。

12 赤は、無彩色である。

13 マンセル表色系において、色相RPは、赤紫を表す。

14 同じ彩度の色でも、面積が大きくなると、明るく鮮やかに見える。

15 ガソリンの引火点は、トルエンよりも高い。

16 引火性液体の温度が発火点に達すると、点火源がなくとも、燃焼する可能性がある。

17 鋼材の黒皮(ミルスケール)は、ワイヤーブラシでは十分に除去できない。

[A群(真偽法)]

18　ぶりきは、すずめっきした薄鋼板である。

19　UV硬化塗料は、赤外線の照射によって硬化する。

20　一般に、油性塗料の塗膜の上に塗装する塗料としては、ラッカー塗料が適している。

21　化成皮膜には、りん酸鉄皮膜、りん酸亜鉛皮膜などがある。

22　金属塗装において、化成処理は脱脂前に行う。

23　丸棒を静電塗装した場合には、塗料が吹付け面だけでなく丸棒の裏側にもまわり込むため、一般に、エアスプレー塗装した場合よりも塗着効率がよい。

24　圧送式エアスプレーガンは、同一塗料を多量に使用する場合に有効である。

25　空気圧縮機を使用し、その日の作業を終了するときは、一般に、ドレンの排出が必要である。

[B群(多肢択一法)]

1 塗装方法とその一般的な特徴の組合せとして、適切でないものはどれか。

塗装方法　　　　　　特徴

イ　ホットスプレー塗り・・希釈用シンナーを多量に使用する。

ロ　粉体塗装・・・・・・・溶剤が不要である。

ハ　電着塗装・・・・・・・被塗物が複雑な形状でも塗り残しが少ない。

ニ　たんぽずり・・・・・・塗面が平滑になる。

2 淡彩色の調色に関する記述として、適切でないものはどれか。

イ　白塗料に原色を少量ずつ加えながら作業する。

ロ　原色は、量を多く添加するものから混入していく。

ハ　黒は、添加しすぎると調色しにくくなる。

ニ　比色は、塗膜が未乾燥の状態で行う。

3 酸化重合反応によって硬化する塗料はどれか。

イ　塩化ビニル樹脂塗料

ロ　アクリル樹脂エマルション塗料

ハ　2液形ポリウレタン樹脂塗料

ニ　合成樹脂調合ペイント

4 塗膜の隠ぺい率測定に用いられる隠ぺい率試験紙は、2色に区分されているが、その2色の組合せとして、正しいものはどれか。

イ　白と赤

ロ　白と黒

ハ　白と黄

ニ　白と青

5 スプレー塗装において、塗料の粘度が高すぎることで発生する塗膜欠陥はどれか。

イ　たれ

ロ　かぶり

ハ　ゆず肌

ニ　はじき

6 塗装作業で使用する養生用品でないものはどれか。

イ　マスキングテープ

ロ　ジョイントテープ

ハ　ビニルシート

ニ　飛散防止用ネット

［B群(多肢択一法)］

7　下図のはけの名称として、適切なものはどれか。

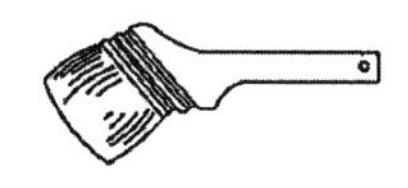

イ　たたきばけ
ロ　ずんどうばけ
ハ　すじかいばけ
ニ　丸ばけ

8　塗料の一般的な特徴に関する記述として、適切でないものはどれか。
イ　ハイソリッド形塗料は、固形分の多い塗料である。
ロ　ハイビルド形塗料は、薄膜形塗料である。
ハ　弱溶剤形塗料は、溶剤刺激臭が弱い環境配慮形塗料である。
ニ　無溶剤形塗料は、溶剤を含まない塗料である。

9　合成樹脂調合ペイントのシンナーの主成分として、適切なものはどれか。
イ　トルエン
ロ　キシレン
ハ　ミネラルスピリット
ニ　エチルアルコール

10　文中の(　　)内に当てはまる語句として、正しいものはどれか。
日本建築学会建築工事標準仕様書(JASS 18)によれば、(　　)は、下地面のくぼみ、すき間、目違い部分などにパテを付けて平らにする作業と規定されている。
イ　パテかい
ロ　節止め
ハ　下塗り
ニ　目止め

11　寒色はどれか。
イ　赤紫
ロ　緑
ハ　黄
ニ　青

[B群(多肢択一法)]

12 文中の(　　)内に当てはまる語句として、正しいものはどれか。
日本工業規格(JIS)によれば、マンセル表色系は、色相、(　　)、彩度の三属性によって物体色を表すものと規定されている。

イ 輝度
ロ 明度
ハ 濃度
ニ 密度

13 日本工業規格(JIS)によれば、「防火」を意味する安全色はどれか。

イ 青
ロ 緑
ハ 黄
ニ 赤

14 廃棄物の処理及び清掃に関する法律関係法令によれば、産業廃棄物として規定されていないものはどれか。

イ 汚泥
ロ 廃油
ハ 廃酸
ニ 粗大ごみ

15 労働安全衛生法関係法令における有機溶剤による中毒の予防に関する記述として、適切でないものはどれか。

イ 防じんマスクを使用する。
ロ 送気マスクを使用する。
ハ 有機ガス用防毒マスクを使用する。
ニ 保護具は就業する労働者の人数と同数以上の数を備える。

16 アルミニウムの一般的な特徴として、適切でないものはどれか。

イ 酸に弱い。
ロ アルカリに強い。
ハ ステンレス鋼より密度が小さい。
ニ 白さびが発生することがある。

17 次の被塗物のうち、通電剤を塗布しないと静電塗装に適さないものはどれか。

イ SPCC
ロ ABS
ハ SECC
ニ SUS

[B群(多肢択一法)]

18 常温で塗膜を形成しない塗料はどれか。

イ アミノアルキド樹脂塗料
ロ 2液形ポリウレタン樹脂塗料
ハ 2液形エポキシ樹脂塗料
ニ フタル酸樹脂エナメル

19 厚付け性が最もよいパテはどれか。

イ 不飽和ポリエステル樹脂パテ
ロ ラッカーパテ
ハ オイルパテ
ニ カシューパテ

20 熱硬化形塗料の焼付け乾燥において、焼付け温度が低すぎたときに最も起こりやすい塗膜欠陥はどれか。

イ ピンホール
ロ 硬度不足
ハ ふくれ
ニ 透け

21 化成皮膜処理でないものはどれか。

イ 陽極酸化処理
ロ ブラスト処理
ハ クロム酸塩処理
ニ りん酸塩処理

22 旧塗膜を剥離する際に使用する工具として、適切でないものはどれか。

イ ワイヤブラシ
ロ 電動サンダ
ハ ポリッシャー
ニ スクレーパ

23 噴霧方式でない塗装方法はどれか。

イ 電着塗装
ロ 静電塗装
ハ エアスプレー塗装
ニ エアレススプレー塗装

[B群(多肢択一法)]

24 空気駆動式プランジャポンプを使用するエアレススプレー塗装機において、ポンプの圧力倍率が25：1で駆動空気圧が0.5 MPaの場合の塗料圧力として、正しいものはどれか。ただし、摩擦抵抗等による圧力損失は考えないものとする。

イ 0.5 MPa
ロ 2.5 MPa
ハ 5.5 MPa
ニ 12.5 MPa

25 乾式塗装ブースのろ過方式はどれか。

イ 渦(うず)流式
ロ 水洗式
ハ フィルタ式
ニ オイルフェンス式

平成31年度 技能検定
1級 塗装 学科試験問題
(金属塗装作業)

1. 試験時間　1時間40分
2. 問題数　50題(A群25題、B群25題)
3. 注意事項

（1） 係員の指示があるまで、この表紙はあけないでください。

（2） 答案用紙(真偽法と多肢択一法の併用)に検定職種名、作業名、級別、受検番号、氏名を必ず記入してください。

（3） 係員の指示に従って、問題数を確かめてください。それらに異常がある場合は、黙って手を挙げてください。問題はA群(真偽法)とB群(多肢択一法)とに分かれています。

（4） 試験開始の合図で始めてください。

（5） 解答の方法(真偽法と多肢択一法の併用)は次のとおりです。

イ. A群の問題(真偽法)は、一つ一つの問題の内容が正しいか、誤っているかを判断して解答してください。

ロ. B群の問題(多肢択一法)は、正解と思うものを一つだけ選んで、解答してください。二つ以上に解答した場合は誤答となります。

ハ. 答案用紙(マークシート用紙)へ解答する際は、答案用紙に記載されている注意事項に従ってください。

ニ. 答案用紙の解答欄は、A群の問題とB群の問題とでは異なります。所定の解答欄に、試験問題の題数に応じて解答してください。解答欄はA群は50題まで、B群は25題まで解答できるようになっています。

（6） 電子式卓上計算機その他これと同等の機能を有するものは、使用してはいけません。

（7） 携帯電話等は、使用してはいけません。

（8） 試験中、質問があるときは、黙って手を挙げてください。ただし、試験問題の内容、漢字の読み方等に関する質問にはお答えできません。

（9） 試験終了時刻前に解答ができあがった場合は、黙って手を挙げて、係員の指示に従ってください。

(10) 試験中に手洗いに立ちたいときは、黙って手を挙げて、係員の指示に従ってください。

(11) 試験終了の合図があったら、筆記用具を置き、係員の指示に従ってください。

[A群(真偽法)]

1　塗装の目的には、色彩のもつ心理的・生理的性質を利用した仕事の能率向上などがある。

2　プラスチック部品などの絶縁性物質に静電塗装する場合は、通電剤の塗布が必要となる。

3　塗付された塗料は、一般に、乾燥すると色が淡くなる傾向がある。

4　日本工業規格(JIS)によれば、半硬化乾燥とは、塗面の中央を指先でかるくこすってみて、塗面にすり跡が付かない状態となったときをいうと規定されている。

5　日本工業規格(JIS)によれば、クロスカット法試験は、規定された乾燥時間経過後に塗膜が硬化乾燥状態に達しているかどうかの判定を行う試験と規定されている。

6　低沸点溶剤を多く含む塗料を高湿度の環境で塗装した場合は、塗面に白化現象が生じやすい。

7　ストリッパブルペイントは、剥離(はくり)剤の一種である。

8　ポンプの圧力倍率が30：1のエアレススプレー塗装機では、圧縮空気圧が0.4MPaの場合、塗料の噴出圧は、12.0MPaとなる。ただし、摩擦抵抗等による圧力損失は考えないものとする。

9　塗膜の耐屈曲性とは、塗膜が素地の変形に抵抗して屈曲しにくい性質をいう。

10　有機溶剤である酢酸エチル、酢酸ブチル、トルエン及びキシレンの蒸気は、空気よりも比重が小さいため、空気中で高度の高い方へ流れる。

11　2液形ポリウレタン樹脂塗料などに含まれるイソシアネート基は、空気中の水分と反応しやすい。

12　色の軽重感は、主として、明度によって影響される。

13　マンセル記号で*N*3の色は、*N*7の色よりも明度が高い。

14　同じ彩度の色では、一般に、面積が小さくなると、明るく鮮やかに見える。

15　消防法関係法令によれば、溶剤形ポリウレタン樹脂塗料は、危険物第四類に分類される。

［A群(真偽法)］

16 有機溶剤中毒予防規則によれば、有機溶剤等を取り扱う有害な業務に労働者を常時従事させる場合、事業者は、1年以内ごとに1回、定期に、医師による健康診断を行わなければならないと規定されている。

17 労働安全衛生法関係法令によれば、酸素欠乏とは、空気中の酸素の濃度が18%未満である状態をいうと規定されている。

18 ポリカーボネートは、一般に、ポリプロピレンに比べて、耐溶剤性に劣る。

19 不飽和ポリエステル樹脂塗料は、一般に、他の塗料に比べて、厚膜が得られにくい。

20 電着塗装では、電着浴槽から出た被塗物は、水洗工程を経てから乾燥される。

21 亜鉛めっき鋼板の表面に付着した鉱物油の除去には、アルカリ性溶液を使用するとよい。

22 塗膜のレベリング性を向上させるためには、塗料中に高沸点溶剤を少量添加するとよい。

23 レザートーン塗装は、塗料の対流現象を利用した塗装法である。

24 静電塗装では、どのような形状の被塗物でも均一な厚さの塗膜が得られる。

25 一般に、遠赤外線乾燥では、熱風乾燥よりも塗膜温度の立上がりが遅い。

[B群(多肢択一法)]

1 塗装法とその一般的な特徴との組合せとして、適切でないものはどれか。

塗装法　特徴

イ 浸漬塗装・・・・・・・・被塗装面に塗料を流しかけて塗装する。

ロ ホットスプレー塗装・・・塗料を加温して吹き付ける。

ハ エアレススプレー塗装・・塗料を直接加圧し、強制的に霧化させて吹き付ける。

ニ 静電塗装・・・・・・・・被塗物にアースを取ってプラス側とし、塗料をマイナスに帯電させて吹き付ける。

2 塗料の調合に関する記述として、適切なものはどれか。

イ 塗料の色合わせを行う場合は、配合量の少ない色の塗料から順に混合するとよい。

ロ 無溶剤形変性エポキシ樹脂塗料は、シンナーで希釈してはならない。

ハ 多液形塗料を調合する場合は、塗膜の硬化不良を防止するために、硬化剤を規定よりも多く添加するとよい。

ニ 多液形塗料の可使時間が過ぎた場合は、シンナーで希釈するとよい。

3 塗膜の硬化機構に関する記述として、適切でないものはどれか。

イ 塗料中の溶剤が蒸発することにより塗膜が硬化することを揮発硬化という。

ロ 赤外線の照射により塗膜が重合・硬化することを光重合硬化という。

ハ 塗膜が空気中の酸素と反応して酸化し、さらに重合を伴って硬化することを酸化重合硬化という。

ニ 塗料に添加された触媒・硬化剤の働きにより塗膜が硬化することを付加重合硬化という。

4 日本工業規格(JIS)の引っかき硬度(鉛筆法)試験に関する記述として、適切なものはどれか。

イ 試験に使用する鉛筆をけずる場合、鉛筆のしんは、先のとがった円錐形となるようにけずる。

ロ 試験の間、鉛筆は、塗面に対して垂直に保持する。

ハ 試験は、手かき法により行ってもよい。

ニ 試験は、塗膜に傷跡が生じるまで鉛筆の硬度スケールを上げて繰り返し、塗膜に初めて傷跡が生じたときの鉛筆の硬度を塗膜の鉛筆硬度とする。

5 塗膜の欠陥とその対策の組合せとして、適切でないものはどれか。

欠陥　対策

イ はけ目・・・塗料の粘度を上げる。

ロ にじみ・・・適切な塗装間隔をとる。

ハ 剥(は)がれ・・・入念な素地ごしらえをする。

ニ 白亜化・・・耐候性の良い塗料を選択する。

［B群(多肢択一法)］

6　文中の(　　)内に当てはまる語句の組合せとして、適切なものはどれか。
　エアスプレーガンでは、塗料の噴出量に対する空気量を(①)するほど霧が細かくなり、塗料粘度が(②)なるほど霧が粗くなる。
　　　①　　　②
イ　多く・・・高く
ロ　多く・・・低く
ハ　少なく・・高く
ニ　少なく・・低く

7　酸化重合硬化形の塗料はどれか。
イ　エポキシ樹脂塗料
ロ　2液形ポリウレタン樹脂塗料
ハ　長油性フタル酸樹脂塗料
ニ　ふっ素樹脂塗料

8　アルコール系溶剤を主成分とするシンナーを使用する塗料はどれか。
イ　2液形ポリウレタン樹脂塗料
ロ　エッチングプライマー
ハ　長油性フタル酸樹脂塗料
ニ　ふっ素樹脂塗料

9　塗膜に可とう性(柔軟性)を与えることを目的として使用される添加剤はどれか。
イ　乾燥剤
ロ　可塑剤
ハ　増粘剤
ニ　沈降防止剤

10　日本工業規格(JIS)によれば、理想的な黒の明度はどれか。
イ　0
ロ　1
ハ　8
ニ　10

11　明るい黄緑に該当するマンセル記号はどれか。
イ　5YR 8／10
ロ　6YR 5／6
ハ　6GY 5／4
ニ　7GY 8／8

[B群(多肢択一法)]

12 日本工業規格(JIS)によれば、放射能を意味する安全色はどれか。

イ 黄

ロ 黄赤

ハ 赤

ニ 赤紫

13 日本工業規格(JIS)によれば、配管系の識別表示における管内の物質の種類とその識別色の組合せとして、正しいものはどれか。

物質 識別色

イ 水・・・・暗い赤

ロ 蒸気・・・うすい黄

ハ 空気・・・白

ニ ガス・・・青

14 消防法関係法令によれば、危険物第四類第一石油類の非水溶性液体の指定数量として、正しいものはどれか。

イ 200リットル

ロ 400リットル

ハ 1000リットル

ニ 2000リットル

15 特定化学物質障害予防規則において、特定化学物質として規制の対象となっているものはどれか。

イ トルエン

ロ キシレン

ハ エチルベンゼン

ニ エチルアルコール

16 ステンレス鋼に関する一般的な記述として、適切でないものはどれか。

イ 表面が不動態皮膜によって被覆されている。

ロ ステンレス鋼の材料記号は、SUSである。

ハ 耐食性が低い。

ニ 塗料の付着性が悪い。

17 さびを防ぐために塗膜に求められる性能に関する記述として、適切でないものはどれか。

イ 酸素や水の浸透を抑制する。

ロ 塗膜の電気抵抗を大きくする。

ハ 素地金属と塗膜との界面を酸性に保つ。

ニ 素地金属のイオン化を防ぐ。

［B群(多肢択一法)］

18　エポキシ樹脂塗料の特徴に関する一般的な記述として、適切でないものはどれか。
　イ　耐薬品性に優れている。
　ロ　耐油性に優れている。
　ハ　耐候性に優れている。
　ニ　耐水性に優れている。

19　アルミニウムの前処理として、一般に、適切でないものはどれか。
　イ　陽極酸化皮膜処理
　ロ　りん酸鉄処理
　ハ　クロム酸処理
　ニ　りん酸クロム酸処理

20　一般に、鉄鋼素地の化学的さび落しに使用されないものはどれか。
　イ　酢酸
　ロ　硫酸
　ハ　塩酸
　ニ　りん酸

21　自動車の補修塗装において、剥離(はくり)剤を使用した旧塗膜の剥離作業に関する記述として、適切でないものはどれか。
　イ　剥離を行わない部分は、マスキングテープ、養生紙等でマスキングを行う。
　ロ　剥離を行う旧塗膜の表面に粗目の研磨布等で傷を付ける。
　ハ　剥離剤の塗付後、旧塗膜が柔らかく浮き上がってきたら、ディスクサンダで削り落とす。
　ニ　剥離作業後は、水洗いを十分に行う。

22　エアスプレー塗装において、塗着効率が上がる作業方法はどれか。
　イ　被塗装物とスプレーガンの距離を近くする。
　ロ　スプレーガンの運行速度を速くする。
　ハ　吹付け空気圧を上げる。
　ニ　塗料の粘度を下げる。

23　メタリックカラー塗装において、スプレーガンの塗装条件が色調に与える効果に関する記述として、一般に、適切でないものはどれか。
　イ　ノズルの口径を大きくすると色が淡くなり、小さくすると色が濃くなる。
　ロ　塗料の噴出量を少なくすると色が淡くなり、多くすると色が濃くなる。
　ハ　空気の吐出量を多くすると色が淡くなり、少なくすると色が濃くなる。
　ニ　パターン幅を広くすると色が淡くなり、狭くすると色が濃くなる。

[B群(多肢択一法)]

24 エアスプレー塗装において、吹付け時に塗料が息切れする原因として、最も可能性の低いものはどれか。

イ　塗料ノズルが破損している。

ロ　ニードル弁パッキンが緩んでいる。

ハ　塗料粘度が低すぎる。

ニ　塗料通路が詰まっている。

25 間口3m、高さ2m、風速0.6m／秒の塗装ブースにおける1分間当たりの理論排気量として、適切なものはどれか。

イ　60m^3／分

ロ　216m^3／分

ハ　360m^3／分

ニ　600m^3／分

平成30年度 技能検定
1級 塗装 学科試験問題
(金属塗装作業)

1. 試験時間　1時間40分
2. 問題数　50題(A群25題、B群25題)
3. 注意事項

(1) 係員の指示があるまで、この表紙はあけないでください。

(2) 答案用紙(真偽法と多肢択一法の併用)に検定職種名、作業名、級別、受検番号、氏名を必ず記入してください。

(3) 係員の指示に従って、問題数を確かめてください。それらに異常がある場合は、黙って手を挙げてください。問題はA群(真偽法)とB群(多肢択一法)とに分かれています。

(4) 試験開始の合図で始めてください。

(5) 解答の方法(真偽法と多肢択一法の併用)は次のとおりです。

イ. A群の問題(真偽法)は、一つ一つの問題の内容が正しいか、誤っているかを判断して解答してください。

ロ. B群の問題(多肢択一法)は、正解と思うものを一つだけ選んで、解答してください。二つ以上に解答した場合は誤答となります。

ハ. 答案用紙(マークシート用紙)へ解答する際は、答案用紙に記載されている注意事項に従ってください。

ニ. 答案用紙の解答欄は、A群の問題とB群の問題とでは異なります。所定の解答欄に、試験問題の題数に応じて解答してください。解答欄はA群は50題まで、B群は25題まで解答できるようになっています。

(6) 電子式卓上計算機その他これと同等の機能を有するものは、使用してはいけません。

(7) 携帯電話等は、使用してはいけません。

(8) 試験中、質問があるときは、黙って手を挙げてください。ただし、試験問題の内容、漢字の読み方等に関する質問にはお答えできません。

(9) 試験終了時刻前に解答ができあがった場合は、黙って手を挙げて、係員の指示に従ってください。

(10) 試験中に手洗いに立ちたいときは、黙って手を挙げて、係員の指示に従ってください。

(11) 試験終了の合図があったら、筆記用具を置き、係員の指示に従ってください。

[A群(真偽法)]

1 塗料には、防火を目的としたものもある。

2 タッチアップ塗装とは、塗装部の全体的な塗り直しをいう。

3 日本工業規格(JIS)によれば、塗膜の色の目視比較に用いる自然昼光照明は、試験片が置かれる部分では均一であり、少なくとも2000lxレベルの照度でなければならないと規定されている。

4 合成樹脂調合ペイントは、空気中の炭酸ガスと反応して硬化乾燥する。

5 日本工業規格(JIS)によれば、クロスカット法試験は、塗膜の硬度を測定する試験である。

6 ブリードとは、塗膜の表面が劣化し、粉状となる現象をいう。

7 ストリッパブルペイントの主な目的は、さび、汚れ、擦傷等から被塗物を一時的に保護することである。

8 エアスプレーガンでは、霧化空気圧を高くして吐出空気量を多くするほど、霧の粒子は粗くなる。

9 塗膜の耐候性とは、屋外で日光、風雨、露霜、寒暖、乾湿等の自然の作用に抵抗して変化しにくい性質をいう。

10 塗料の溶剤として使用される酢酸エチルは、水よりも比重が小さい。

11 リターダーは、高沸点溶剤を主成分としている。

12 赤と青緑は、補色関係にある。

13 日本工業規格(JIS)によれば、無彩色は、明度の数値の前に無彩色の記号Nを付けて記載する。

14 同じ明度の灰色の紙でも、白い紙の上に置いた場合には、黒い紙の上に置いた場合よりも明るく見える。

15 廃棄物の処理及び清掃に関する法律関係法令によれば、乾燥・固化した廃塗料(廃プラスチック類)は、一般廃棄物に分類される。

［A群(真偽法)］

16 安全データシート(SDS)は、化学品について、名称、成分及びその含有量、物理的及び化学的性質、人体に及ぼす作用、貯蔵又は取扱い上の注意、流出その他の事故が発生した場合において講ずべき応急の措置等に関する情報を記載する文書である。

17 消防法関係法令によれば、1気圧において、危険物第四類第二石油類は、第一石油類よりも引火点が低く、引火しやすい。

18 ステンレス鋼は、大気汚染、塩分などの影響により腐食(孔食)を起こすことがない。

19 プライマーサーフェーサーの目的の一つには、金属塗装の工程を簡略化することもある。

20 自然乾燥形の油性系塗料の下地塗膜にラッカーパテを塗り重ねると、ラッカーパテが下地塗膜を侵し、クラックの原因となることがある。

21 アルカリ脱脂では、動・植物性の油脂よりも鉱物性の油脂の方が除去しやすい。

22 メタリック塗料の吹付け塗装においては、一度に厚く吹き付けすぎると、塗料中の金属粒子が流動や沈澱を起こし、むらができることがある。

23 一般に、静電塗装機の周囲3～4m以内では、放電が行われているので、スパークが生じる危険性がある。

24 エアスプレー塗装機においては、一般に、エアホースの長さが長いほど、圧力損失は小さくなる。

25 静電塗装用ブースの排気風速は、エアスプレー塗装の場合よりも速くした方がよい。

[B群(多肢択一法)]

1 水性塗料槽に被塗物を浸漬し、直流電流を流して塗る塗装法はどれか。
  イ たんぽずり
  ロ ロールコーティング
  ハ 静電塗装
  ニ 電着塗装

2 塗料の調合に関する記述として、適切でないものはどれか。
  イ 無溶剤形変性エポキシ樹脂塗料は、シンナーで希釈してはならない。
  ロ シンナーでの希釈率は、塗装法の種類によって異なる。
  ハ 多液形塗料の調合に際しては、混合比率を正しく守る必要がある。
  ニ 多液形塗料の可使時間が過ぎた場合は、シンナーで希釈するとよい。

3 熱風乾燥炉において、一般に、空気を暖める熱源として使用されないものはどれか。
  イ 重油の燃焼熱
  ロ LPGの燃焼熱
  ハ 都市ガスの燃焼熱
  ニ 太陽熱

4 破壊式膜厚計はどれか。
  イ 電磁式膜厚計
  ロ Vカット・スコープ式膜厚計
  ハ 永久磁石式膜厚計
  ニ 渦電流式膜厚計

5 マスキングテープの取扱いとして、一般に、適切でないものはどれか。
  イ テープを貼る前の被塗面を十分に清掃しておく。
  ロ テープを貼る前の被塗面を十分に乾燥させておく。
  ハ テープに均一に圧力を加えて貼る。
  ニ テープを剥がす際は、塗膜が完全に乾燥してから剥がす。

6 エアレススプレー塗装機の取扱いに関する記述として、適切でないものはどれか。
  イ 噴射圧力は、低圧から漏れを確認しながら高圧へと上げていく。
  ロ 噴射圧力の確認の際は、噴射孔に直接手を当てて確認する。
  ハ 吹付け距離は、一般に、30～40cmとする。
  ニ 運行速度は、一般に、70cm／秒程度とする。

［B群(多肢択一法)］

7　亜鉛の犠牲防食作用によって鋼材面を防せいする塗料はどれか。

イ　フェノール変性アルキド樹脂塗料
ロ　ポリウレタン樹脂塗料
ハ　無機ジンクリッチペイント
ニ　変性エポキシ樹脂塗料

8　消防法関係法令によれば、ミネラルスピリットは、どの危険物に該当するか。

イ　第四類第一石油類
ロ　第四類第二石油類
ハ　第四類第三石油類
ニ　第四類動植物油類

9　日本工業規格(JIS)によれば、理想的な白の明度はどれか。

イ　0
ロ　1
ハ　5
ニ　10

10　あざやかな青紫に該当するマンセル記号はどれか。

イ　5RP 7.5/4.5
ロ　5PB 4.5/7.5
ハ　9PB 3.5/13
ニ　7RP 5/13

11　日本工業規格(JIS)によれば、「警告」を意味する安全色はどれか。

イ　黄
ロ　緑
ハ　赤
ニ　青

[B群(多肢択一法)]

12 日本工業規格(JIS)によれば、配管系の識別表示における水管の識別色はどれか。

イ 白
ロ 茶色
ハ うすい黄
ニ 青

13 文中の(　　)内に当てはまる数値として、正しいものはどれか。

廃棄物の処理及び清掃に関する法律関係法令によれば、事業者は、運搬受託者又は処分受託者に交付した管理票の写しを、当該管理票を交付した日から(　　)年間保存しなければならないと規定されている。

イ 1
ロ 3
ハ 5
ニ 10

14 労働安全衛生法関係法令において、局所排気装置の定期自主検査の検査項目として、規定されていないものはどれか。

イ 排風機の注油状態
ロ 吸気及び排気の能力
ハ ダクトの接続部における緩みの有無
ニ 駆動時の騒音レベル

15 日本工業規格(JIS)によれば、溶融亜鉛めっき鋼板の材料記号はどれか。

イ SGCC
ロ SECC
ハ SPCC
ニ SZACC

16 一般に、乾燥過程において、溶剤の蒸発を必要としないものはどれか。

イ 塩化ビニル樹脂塗料
ロ 2液形ポリウレタン樹脂塗料
ハ 不飽和ポリエステル樹脂塗料
ニ アミノアルキド樹脂塗料

17 鋼材のさび止め塗料に関する記述として、適切でないものはどれか。

イ 水及び酸素の浸透を抑制する。
ロ 塗膜の電気抵抗が小さく、腐食電流を流しやすい。
ハ 塗膜と鋼材との界面をアルカリ性に保つ。
ニ 鋼材よりもイオン化傾向の大きな金属顔料を含有する。

［B群(多肢択一法)］

18 アルミニウムダイカストの塗装工程として、一般に、適切でないものはどれか。
　イ　陽極酸化皮膜処理
　ロ　アルカリ脱脂
　ハ　クロム酸処理
　ニ　エポキシプライマー塗装

19 鉄鋼のさびを除去する薬品として、適切でないものはどれか。
　イ　しゅう酸
　ロ　硫酸
　ハ　塩酸
　ニ　りん酸

20 自動車の補修塗装を行う場合、旧塗膜の状態を判定する方法として、適切でないものはどれか。
　イ　目視によって塗膜のつや引け、ふくれ、割れ等がないか確認する。
　ロ　膜厚を測定し、補修履歴があるか等を判定する。
　ハ　塗料用シンナーをウェスにしみこませて補修部分を拭き、旧塗膜の塗料の種類や硬化状態を確認する。
　ニ　鉛筆の先端を平らにしてから45度の角度で旧塗膜に押し付け、塗膜への傷の付き具合を確認する。

21 一般に、メタリックカラー塗装において、塗色が淡くなる塗装条件として、適切でないものはどれか。
　イ　スプレーガンの運行速度を速くする。
　ロ　スプレーガンの空気圧力を低くする。
　ハ　スプレーガンのノズル口径を小さくする。
　ニ　フラッシュオフタイムを長くとる。

22 ホットスプレー法の目的として、適切でないものはどれか。
　イ　スプレー装置の簡略化
　ロ　塗装工程の短縮
　ハ　塗膜の厚膜化
　ニ　溶剤使用量の削減

23 低圧霧化エアスプレーガンの特徴として、適切でないものはどれか。
　イ　一般に、通常のエアスプレーガンよりも塗着効率が高い。
　ロ　塗装時の空気キャップ内圧が0.07MPa以下である。
　ハ　ガンへの塗料供給方式が重力式のものはあるが、吸上げ式や圧送式のものはない。
　ニ　ソリッドカラー及びメタリックカラーのいずれの塗料も塗装可能である。

[B群(多肢択一法)]

24　有機溶剤中毒予防規則によれば、側方吸引型の外付け式フードの塗装ブースにおける制御風速として、正しいものはどれか。

イ　0.1m／秒

ロ　0.4m／秒

ハ　0.5m／秒

ニ　1.0m／秒

平成31年度 技能検定
2級 塗装 学科試験問題
(噴霧塗装作業)

1. 試験時間　1時間40分
2. 問題数　50題(A群25題、B群25題)
3. 注意事項

（1） 係員の指示があるまで、この表紙はあけないでください。

（2） 答案用紙(真偽法と多肢択一法の併用)に検定職種名、作業名、級別、受検番号、氏名を必ず記入してください。

（3） 係員の指示に従って、問題数を確かめてください。それらに異常がある場合は、黙って手を挙げてください。問題はA群(真偽法)とB群(多肢択一法)とに分かれています。

（4） 試験開始の合図で始めてください。

（5） 解答の方法(真偽法と多肢択一法の併用)は次のとおりです。

イ. A群の問題(真偽法)は、一つ一つの問題の内容が正しいか、誤っているかを判断して解答してください。

ロ. B群の問題(多肢択一法)は、正解と思うものを一つだけ選んで、解答してください。二つ以上に解答した場合は誤答となります。

ハ. 答案用紙(マークシート用紙)へ解答する際は、答案用紙に記載されている注意事項に従ってください。

ニ. 答案用紙の解答欄は、A群の問題とB群の問題とでは異なります。所定の解答欄に、試験問題の題数に応じて解答してください。解答欄はA群は50題まで、B群は25題まで解答できるようになっています。

（6） 電子式卓上計算機その他これと同等の機能を有するものは、使用してはいけません。

（7） 携帯電話等は、使用してはいけません。

（8） 試験中、質問があるときは、黙って手を挙げてください。ただし、試験問題の内容、漢字の読み方等に関する質問にはお答えできません。

（9） 試験終了時刻前に解答ができあがった場合は、黙って手を挙げて、係員の指示に従ってください。

（10） 試験中に手洗いに立ちたいときは、黙って手を挙げて、係員の指示に従ってください。

（11） 試験終了の合図があったら、筆記用具を置き、係員の指示に従ってください。

[A群(真偽法)]

1　塗料には、防火を目的としたものはない。

2　ホットスプレー塗装では、塗料をヒータで加熱して吹き付ける。

3　一般に、目視法による塗料の色合わせは、直射日光を避けて行う。

4　日本工業規格(JIS)によれば、指触乾燥は、塗った面の中央を指先でかるくこすってみて塗面にすり跡が付かない状態になったときをいうと規定されている。

5　日本工業規格(JIS)によれば、促進耐候試験は、日光、風雨などの作用による塗膜の劣化の傾向の一部を短時間に試験するために、紫外線又は太陽光に近似の光線などを照射し、水を吹き付けるなどして行う人工的な試験と規定されている。

6　塗膜のゆず肌は、エアスプレー塗装において、塗料の粘度が低すぎるときに生じやすい。

7　養生テープを被塗物に貼るときは、塗装後に剝(は)がしやすいように、できるだけゆるく貼るのがよい。

8　日本工業規格(JIS)によれば、研磨材の粒度による種類でP220の研磨紙は、P400の研磨紙よりも研磨材の粒子が細かい。

9　変性エポキシ樹脂プライマーは、ステンレス鋼、アルミニウム合金、亜鉛めっき鋼板への下塗りに適している。

10　溶剤の引火点とは、溶剤に点火源を近づけなくても溶剤が発火する最低温度をいう。

11　ふっ素樹脂塗料の上塗りにおいて、冬期での乾燥性を良くするためには、硬化剤を規定値よりも増量するとよい。

12　赤、黄、青は、無彩色である。

13　マンセル記号がN3の色は、N5の色よりも明るい灰色である。

14　明度の低い色は、膨張色である。

15　トルエンは、特定化学物質の環境への排出量の把握等及び管理の改善の促進に関する法律(PRTR法)関係法令の対象化学物質である。

[A群(真偽法)]

16 屋内で有機溶剤を含む塗料を塗装する場合、作業者は、防じんマスクを付けて作業を行わなければならない。

17 UV硬化塗料は、赤外線の照射によって硬化する。

18 ラッカーエナメルは、金属面や木材面の塗装に適している。

19 下塗りの研磨には、一般に、コンパウンドが使用される。

20 アルカリ脱脂の洗浄効果は、処理温度によって変わらない。

21 鉄鋼面の素地調整において、りん酸亜鉛処理は、脱脂前に行う。

22 一般に、メタリックカラーの吹付け塗装では、ソリッドカラーの場合よりも吹付け空気圧力を高くするとよい。

23 重力式エアスプレーガンは、一般に、圧送式スプレーガンよりも同一塗料を多量に塗装するのに適している。

24 エアレススプレーガンでは、パターン幅の調整は、ニードル弁で行う。

25 エアコンプレッサから吐出された圧縮空気は、エアタンクやエア配管で冷やされると、結露を生じることがある。

[Ｂ群(多肢択一法)]

1　ローラーブラシ塗りをする被塗物として、適切でないものはどれか。

イ　壁面
ロ　天井
ハ　屋根
ニ　ボルト部

2　文中の(　　)内に当てはまる語句として、適切なものはどれか。

調色において、最終の色の確認は、塗料が(　　)において行う。

イ　塗装された直後
ロ　指触乾燥した状態
ハ　半硬化乾燥した状態
ニ　硬化乾燥した状態

3　塗料の屋外乾燥に関する記述として、適切なものはどれか。

イ　無機ジンクリッチペイントの乾燥には、相対湿度50%以下が好ましい。
ロ　強風は、塗膜乾燥に有利なので、強風時の塗装は好ましい。
ハ　塗料が十分乾燥する前に降雨が予想される場合は、塗装作業をしない方がよい。
ニ　一般に、塗膜の乾燥速度は、気温が低い方が速い。

4　文中の(　　)内に当てはまる語句として、正しいものはどれか。

日本工業規格(JIS)によれば、プルオフ法試験は、塗膜の(　　)を評価する試験方法である。

イ　付着性
ロ　耐薬品性
ハ　乾燥性
ニ　耐候性

5　塗膜の欠陥の名称とその現象の組合せとして、適切でないものはどれか。

	欠陥の名称		現　象
イ	白化	・・・・・・	塗膜の表面が粉化して光沢が低下し、こすると塗膜の表面が粉状に取れる。
ロ	ピンホール	・・・	塗膜に針跡のような細い穴があいている。
ハ	すけ	・・・・・・	上塗りをとおして下塗りの色が見える。
ニ	しわ	・・・・・・	塗膜にちりめん状の縮み模様が生じる。

6　塗装作業において、養生に使用しないものはどれか。

イ　布テープ
ロ　リムーバー
ハ　ビニルシート
ニ　飛散防止用ネット

[B群(多肢択一法)]

7　未乾燥状態の塗膜の膜厚を測定する機器はどれか。
　イ　渦電流式膜厚計
　ロ　マイクロメータ
　ハ　永久磁石式膜厚計
　ニ　くし形ゲージ

8　一般に、上塗り塗料として使用されないものはどれか。
　イ　有機ジンクリッチペイント
　ロ　長油性フタル酸樹脂塗料
　ハ　ポリウレタン樹脂塗料
　ニ　ふっ素樹脂塗料

9　うすめ液の使用目的として、適切でないものはどれか。
　イ　粘度調整
　ロ　乾燥速度調整
　ハ　塗り肌調整
　ニ　引火性調整

10　合成樹脂調合ペイントによる塗膜の硬化を速めることを目的として使用する添加剤はどれか。
　イ　増粘剤
　ロ　皮張り防止剤
　ハ　乾燥剤
　ニ　可塑剤

11　寒色はどれか。
　イ　赤
　ロ　黄
　ハ　赤紫
　ニ　青

12　マンセル記号 2.5YR 5.5／10において、明度を表す部分はどれか。
　イ　2.5
　ロ　YR
　ハ　5.5
　ニ　10

[B群(多肢択一法)]

13　日本工業規格(JIS)によれば、安全色の赤が意味するものはどれか。
　イ　防火
　ロ　稼働中
　ハ　安全状態
　ニ　注意警告

14　消防法関係法令によれば、引火性液体は、危険物の第何類に類別されるか。
　イ　第一類
　ロ　第二類
　ハ　第三類
　ニ　第四類

15　労働安全衛生法関係法令によれば、第二種有機溶剤等の区分を表す色はどれか。
　イ　青
　ロ　赤
　ハ　黄
　ニ　緑

16　一般に、最も耐候性に優れている塗料はどれか。
　イ　ふっ素樹脂塗料
　ロ　塩化ビニル樹脂塗料
　ハ　フェノール樹脂塗料
　ニ　2液形エポキシ樹脂塗料

17　高湿度の環境でラッカーエナメル塗料の吹付け塗装を行う場合、塗膜のかぶりを防止するために塗料に添加するものはどれか。
　イ　エポキシシンナー
　ロ　リターダーシンナー
　ハ　アクリルラッカー用シンナー
　ニ　ウレタンシンナー

18　サーフェーサーに関する記述として、適切でないものはどれか。
　イ　使用目的には、塗装下地を平滑にすることがある。
　ロ　種類としては、油性系、ラッカー系、合成樹脂系等がある。
　ハ　上塗りには適していない。
　ニ　鋼材面に直接塗付するとよい。

[B群(多肢択一法)]

19　さび落とし処理に使用しないものはどれか。

イ　ポリッシャー
ロ　ワイヤブラシ
ハ　ディスクサンダ
ニ　酸性水溶液

20　アルカリ脱脂で除去しにくいものはどれか。

イ　植物油
ロ　鉱物油
ハ　皮脂
ニ　動物油

21　粉体塗装の特徴として、適切でないものはどれか。

イ　現場での調色が容易である。
ロ　1回の塗装で、厚く均一な塗膜が得られる。
ハ　塗料損失が少ない。
ニ　焼付け温度が高いため、対象物が限られる。

22　静電塗装において、通電剤の塗布が必要となる被塗物はどれか。

イ　SPCC
ロ　SECC
ハ　SUS
ニ　ABS

23　エアスプレー塗装中にスプレーパターンが三日月状に変形した場合、清掃すべき部品はどれか。

イ　空気キャップ
ロ　塗料噴出量調整装置
ハ　ニードル弁パッキン
ニ　空気量調整装置

24　静電塗装に関する記述として、適切でないものはどれか。

イ　塗料粒子をマイナスに帯電させる。
ロ　作業者は、通電靴を履いて作業を行う。
ハ　塗装ブースの排気風速は、一般的なエアスプレー塗装時よりも速くする。
ニ　塗装ブースの壁は、アースされた構造とする。

[B群(多肢択一法)]

25　次の塗装ブースのうち、湿式ブースでないものはどれか。

イ　バッフルプレート式ブース

ロ　シャワー式ブース

ハ　ベンチュリー式ブース

ニ　オイルフェンス式ブース

平成30年度 技能検定
2級 塗装 学科試験問題
(噴霧塗装作業)

1. 試験時間　1時間40分
2. 問題数　50題(A群25題、B群25題)
3. 注意事項

(1) 係員の指示があるまで、この表紙はあけないでください。

(2) 答案用紙(真偽法と多肢択一法の併用)に検定職種名、作業名、級別、受検番号、氏名を必ず記入してください。

(3) 係員の指示に従って、問題数を確かめてください。それらに異常がある場合は、黙って手を挙げてください。問題はA群(真偽法)とB群(多肢択一法)とに分かれています。

(4) 試験開始の合図で始めてください。

(5) 解答の方法(真偽法と多肢択一法の併用)は次のとおりです。

イ. A群の問題(真偽法)は、一つ一つの問題の内容が正しいか、誤っているかを判断して解答してください。

ロ. B群の問題(多肢択一法)は、正解と思うものを一つだけ選んで、解答してください。二つ以上に解答した場合は誤答となります。

ハ. 答案用紙(マークシート用紙)へ解答する際は、答案用紙に記載されている注意事項に従ってください。

ニ. 答案用紙の解答欄は、A群の問題とB群の問題とでは異なります。所定の解答欄に、試験問題の題数に応じて解答してください。解答欄はA群は50題まで、B群は25題まで解答できるようになっています。

(6) 電子式卓上計算機その他これと同等の機能を有するものは、使用してはいけません。

(7) 携帯電話等は、使用してはいけません。

(8) 試験中、質問があるときは、黙って手を挙げてください。ただし、試験問題の内容、漢字の読み方等に関する質問にはお答えできません。

(9) 試験終了時刻前に解答ができあがった場合は、黙って手を挙げて、係員の指示に従ってください。

(10) 試験中に手洗いに立ちたいときは、黙って手を挙げて、係員の指示に従ってください。

(11) 試験終了の合図があったら、筆記用具を置き、係員の指示に従ってください。

[A群(真偽法)]

1 塗装の目的の一つには、被塗物を熱や光線から守ることがある。

2 エアレススプレー塗装は、一般に、エアスプレー塗装に比べて塗料の飛散が少ない。

3 塗料の粘度は、塗料の温度が低くなるにつれて低くなる。

4 指触乾燥とは、塗った面の中央に触れてみて、塗料で指先が汚れない状態になったときをいう。

5 日本工業規格(JIS)の引っかき硬度(鉛筆法)によれば、塗膜の硬さは、鉛筆の芯の硬さと同じ記号で表される。

6 塗装直後に塗膜を急激に加熱すると、塗膜にピンホールや泡が生じやすい。

7 養生に使用するマスキングテープは、粘着力の強いものほどよい。

8 エアスプレーガンでは、塗料粘度が高くなるほど、霧(噴霧粒子)は細かくなる。

9 一般に、ふっ素樹脂塗料は、エポキシ樹脂塗料よりも耐候性に優れている。

10 アクリルラッカーの希釈には、塗料用シンナーが適している。

11 低温時に2液形ポリウレタン樹脂塗料を塗装する場合には、硬化触媒(促進剤)を用いることがある。

12 赤は、無彩色である。

13 マンセル表色系において、色相RPは、赤紫を表す。

14 同じ彩度の色でも、面積が大きくなると、明るく鮮やかに見える。

15 ガソリンの引火点は、トルエンよりも高い。

16 引火性液体の温度が発火点に達すると、点火源がなくとも、燃焼する可能性がある。

17 エッチングプライマーの目的の一つは、金属素地に対する塗装系の付着性を増加することである。

[A群(真偽法)]

18　ラッカーエナメルは、金属面や木材面の塗装には適していない。

19　金属表面に付着している汗や動・植物油の除去には、アルカリ脱脂が有効である。

20　酸洗い法とは、金属表面に存在する錆(さび)を酸によって溶解させて化学的に除去する方法である。

21　鉄鋼面の素地調整において、りん酸亜鉛処理は、脱脂後に行う。

22　圧送式エアスプレーガンは、同一塗料を多量に使用する場合に有効である。

23　一般に、メタリックカラーを吹付け塗装する場合は、ソリッドカラーの場合よりも吹付け空気圧力を低くするとよい。

24　一般に、エアレススプレー塗装機のプランジャポンプは、圧縮空気を動力源としている。

25　エアコンプレッサでは、適宜、ドレン抜きを行う。

[B群(多肢択一法)]

1 塗装方法とその一般的な特徴の組合せとして、適切でないものはどれか。

	塗装方法	特徴
イ	ホットスプレー塗り・・	希釈用シンナーを多量に使用する。
ロ	粉体塗装・・・・・・・	溶剤が不要である。
ハ	電着塗装・・・・・・・	被塗物が複雑な形状でも塗り残しが少ない。
ニ	たんぽずり・・・・・・	塗面が平滑になる。

2 淡彩色の調色に関する記述として、適切でないものはどれか。

イ 白塗料に原色を少量ずつ加えながら作業する。

ロ 原色は、量を多く添加するものから混入していく。

ハ 黒は、添加しすぎると調色しにくくなる。

ニ 比色は、塗膜が未乾燥の状態で行う。

3 酸化重合反応によって硬化する塗料はどれか。

イ 塩化ビニル樹脂塗料

ロ アクリル樹脂エマルション塗料

ハ 2液形ポリウレタン樹脂塗料

ニ 合成樹脂調合ペイント

4 塗膜の隠ぺい率測定に用いられる隠ぺい率試験紙は、2色に区分されているが、その2色の組合せとして、正しいものはどれか。

イ 白と赤

ロ 白と黒

ハ 白と黄

ニ 白と青

5 スプレー塗装において、塗料の粘度が高すぎることで発生する塗膜欠陥はどれか。

イ たれ

ロ かぶり

ハ ゆず肌

ニ はじき

6 塗装作業で使用する養生用品でないものはどれか。

イ マスキングテープ

ロ ジョイントテープ

ハ ビニルシート

ニ 飛散防止用ネット

［B群(多肢択一法)］

7　下図のはけの名称として、適切なものはどれか。

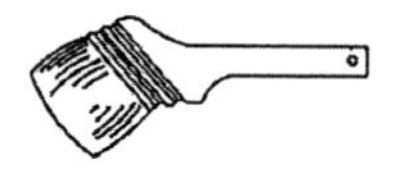

イ　たたきばけ
ロ　ずんどうばけ
ハ　すじかいばけ
ニ　丸ばけ

8　塗料の一般的な特徴に関する記述として、適切でないものはどれか。
イ　ハイソリッド形塗料は、固形分の多い塗料である。
ロ　ハイビルド形塗料は、薄膜形塗料である。
ハ　弱溶剤形塗料は、溶剤刺激臭が弱い環境配慮形塗料である。
ニ　無溶剤形塗料は、溶剤を含まない塗料である。

9　合成樹脂調合ペイントのシンナーの主成分として、適切なものはどれか。
イ　トルエン
ロ　キシレン
ハ　ミネラルスピリット
ニ　エチルアルコール

10　文中の(　　)内に当てはまる語句として、正しいものはどれか。
日本建築学会建築工事標準仕様書(JASS 18)によれば、(　　)は、下地面のくぼみ、すき間、目違い部分などにパテを付けて平らにする作業と規定されている。
イ　パテかい
ロ　節止め
ハ　下塗り
ニ　目止め

11　寒色はどれか。
イ　赤紫
ロ　緑
ハ　黄
ニ　青

[B群(多肢択一法)]

12 文中の(　　)内に当てはまる語句として、正しいものはどれか。

日本工業規格(JIS)によれば、マンセル表色系は、色相、(　　)、彩度の三属性によって物体色を表すものと規定されている。

イ 輝度
ロ 明度
ハ 濃度
ニ 密度

13 日本工業規格(JIS)によれば、「防火」を意味する安全色はどれか。

イ 青
ロ 緑
ハ 黄
ニ 赤

14 廃棄物の処理及び清掃に関する法律関係法令によれば、産業廃棄物として規定されていないものはどれか。

イ 汚泥
ロ 廃油
ハ 廃酸
ニ 粗大ごみ

15 労働安全衛生法関係法令における有機溶剤による中毒の予防に関する記述として、適切でないものはどれか。

イ 防じんマスクを使用する。
ロ 送気マスクを使用する。
ハ 有機ガス用防毒マスクを使用する。
ニ 保護具は就業する労働者の人数と同数以上の数を備える。

16 次の塗料の中で、一般に、最も耐アルカリ性に優れているものはどれか。

イ 油性塗料
ロ ニトロセルロースラッカー
ハ アクリル樹脂塗料
ニ フタル酸樹脂塗料

17 常温乾燥形塗料でないものはどれか。

イ アミノアルキド樹脂塗料
ロ ラッカーエナメル樹脂塗料
ハ 2液形エポキシ樹脂塗料
ニ フタル酸樹脂塗料

[B群(多肢択一法)]

18 プライマーサーフェーサーの使用目的として、適切でないものはどれか。
イ 内部への水の浸入を防ぐため
ロ 上塗り塗料を吸い込ませるため
ハ 塗面を平滑にするため
ニ 下地と上塗り塗料の付着力を高めるため

19 SECC(電気亜鉛めっき鋼板)表面をアルカリ洗浄する際の管理項目に含まれないものはどれか。
イ 洗浄液の粘度
ロ 洗浄液の温度
ハ 洗浄液との接触時間
ニ 洗浄液のpH

20 アルミニウム板の化成皮膜処理において、酸化アルミニウム皮膜を形成することによって耐食性を向上させるものはどれか。
イ りん酸塩化成皮膜処理
ロ クロメート化成皮膜処理
ハ 陽極酸化皮膜処理
ニ エッチングプライマー処理

21 静電塗装を行う場合に作業者が着用するはき物として、適切なものはどれか。
イ 絶縁靴
ロ 通電靴
ハ ゴム長靴
ニ 耐油性靴

22 エアスプレー塗装時の塗膜にはじきが発生した原因として、最も可能性が高いものはどれか。
イ エアスプレーガンの吹付け空気圧力が高い。
ロ エアスプレーガンの塗料噴出量が多い。
ハ エアコンプレッサの圧縮空気に油が混入している。
ニ エアコンプレッサの圧縮空気の温度が高い。

23 エアスプレーガンの先端から塗料漏れが起きた原因として、最も可能性が高いものはどれか。
イ パターン開き調節つまみの緩めすぎ
ロ 空気弁ばねのへたり・折損
ハ ニードル弁パッキンセットの締め付けすぎ
ニ 塗料のうすめすぎ

[B群(多肢択一法)]

24 労働安全衛生法関係法令に規定される囲い式フードの制御風速として、正しいものはどれか。

イ 0.4m／秒

ロ 0.5m／秒

ハ 1.0m／秒

ニ 1.5m／秒

25 次の塗装ブースのうち、乾式ブースはどれか。

イ フィルタ式ブース

ロ シャワー式ブース

ハ ベンチュリー式ブース

ニ オイルフェンス式ブース

平成31年度 技能検定
1級 塗装 学科試験問題
（噴霧塗装作業）

1. 試験時間　1時間40分
2. 問題数　50題(A群25題、B群25題)
3. 注意事項

（1） 係員の指示があるまで、この表紙はあけないでください。

（2） 答案用紙(真偽法と多肢択一法の併用)に検定職種名、作業名、級別、受検番号、氏名を必ず記入してください。

（3） 係員の指示に従って、問題数を確かめてください。それらに異常がある場合は、黙って手を挙げてください。問題はA群(真偽法)とB群(多肢択一法)とに分かれています。

（4） 試験開始の合図で始めてください。

（5） 解答の方法(真偽法と多肢択一法の併用)は次のとおりです。

イ. A群の問題(真偽法)は、一つ一つの問題の内容が正しいか、誤っているかを判断して解答してください。

ロ. B群の問題(多肢択一法)は、正解と思うものを一つだけ選んで、解答してください。二つ以上に解答した場合は誤答となります。

ハ. 答案用紙(マークシート用紙)へ解答する際は、答案用紙に記載されている注意事項に従ってください。

ニ. 答案用紙の解答欄は、A群の問題とB群の問題とでは異なります。所定の解答欄に、試験問題の題数に応じて解答してください。解答欄はA群は50題まで、B群は25題まで解答できるようになっています。

（6） 電子式卓上計算機その他これと同等の機能を有するものは、使用してはいけません。

（7） 携帯電話等は、使用してはいけません。

（8） 試験中、質問があるときは、黙って手を挙げてください。ただし、試験問題の内容、漢字の読み方等に関する質問にはお答えできません。

（9） 試験終了時刻前に解答ができあがった場合は、黙って手を挙げて、係員の指示に従ってください。

（10） 試験中に手洗いに立ちたいときは、黙って手を挙げて、係員の指示に従ってください。

（11） 試験終了の合図があったら、筆記用具を置き、係員の指示に従ってください。

[A群(真偽法)]

1　塗装の目的には、色彩のもつ心理的・生理的性質を利用した仕事の能率向上などがある。

2　プラスチック部品などの絶縁性物質に静電塗装する場合は、通電剤の塗布が必要となる。

3　塗付された塗料は、一般に、乾燥すると色が淡くなる傾向がある。

4　日本工業規格(JIS)によれば、半硬化乾燥とは、塗面の中央を指先でかるくこすってみて、塗面にすり跡が付かない状態となったときをいうと規定されている。

5　日本工業規格(JIS)によれば、クロスカット法試験は、規定された乾燥時間経過後に塗膜が硬化乾燥状態に達しているかどうかの判定を行う試験と規定されている。

6　低沸点溶剤を多く含む塗料を高湿度の環境で塗装した場合は、塗面に白化現象が生じやすい。

7　ストリッパブルペイントは、剥離(はくり)剤の一種である。

8　ポンプの圧力倍率が30：1のエアレススプレー塗装機では、圧縮空気圧が0.4MPaの場合、塗料の噴出圧は、12.0MPaとなる。ただし、摩擦抵抗等による圧力損失は考えないものとする。

9　塗膜の耐屈曲性とは、塗膜が素地の変形に抵抗して屈曲しにくい性質をいう。

10　有機溶剤である酢酸エチル、酢酸ブチル、トルエン及びキシレンの蒸気は、空気よりも比重が小さいため、空気中で高度の高い方へ流れる。

11　2液形ポリウレタン樹脂塗料などに含まれるイソシアネート基は、空気中の水分と反応しやすい。

12　色の軽重感は、主として、明度によって影響される。

13　マンセル記号で$N3$の色は、$N7$の色よりも明度が高い。

14　同じ彩度の色では、一般に、面積が小さくなると、明るく鮮やかに見える。

15　消防法関係法令によれば、溶剤形ポリウレタン樹脂塗料は、危険物第四類に分類される。

[A群(真偽法)]

16 有機溶剤中毒予防規則によれば、有機溶剤等を取り扱う有害な業務に労働者を常時従事させる場合、事業者は、1年以内ごとに1回、定期に、医師による健康診断を行わなければならないと規定されている。

17 労働安全衛生法関係法令によれば、酸素欠乏とは、空気中の酸素の濃度が18%未満である状態をいうと規定されている。

18 アミノアルキド樹脂塗料の焼付け温度は、一般に、熱硬化形アクリル樹脂塗料よりも高い。

19 水性塗料は、静電塗装では使用できない。

20 ラッカーエナメル塗装された被塗物の補修に不飽和ポリエステル樹脂パテを使用するときは、旧塗膜を素地面まで剥離(はくり)した後、素地面に直接パテを付けるのがよい。

21 亜鉛めっき鋼板にエッチングプライマーを塗装すると、塗料の付着性がよくなる。

22 金属表面をアルカリ性水溶液で洗浄する場合は、アルカリ性水溶液を冷却して洗浄すると、洗浄効果が向上する。

23 エア併用形のエアレススプレー塗装機は、一般に、通常のエアレススプレー塗装機よりも塗料圧力が低い。

24 内部混合式スプレーガンは、特殊塗料や高粘度塗料を吹き付けるのに適している。

25 遠赤外線乾燥炉は、空気を加熱送風し、対流熱と伝導熱で塗膜を乾燥させるものである。

[B群(多肢択一法)]

1 塗装法とその一般的な特徴との組合せとして、適切でないものはどれか。

塗装法 特徴

イ 浸漬塗装・・・・・・・・被塗装面に塗料を流しかけて塗装する。

ロ ホットスプレー塗装・・・塗料を加温して吹き付ける。

ハ エアレススプレー塗装・・塗料を直接加圧し、強制的に霧化させて吹き付ける。

ニ 静電塗装・・・・・・・・被塗物にアースを取ってプラス側とし、塗料をマイナスに帯電させて吹き付ける。

2 塗料の調合に関する記述として、適切なものはどれか。

イ 塗料の色合わせを行う場合は、配合量の少ない色の塗料から順に混合するとよい。

ロ 無溶剤形変性エポキシ樹脂塗料は、シンナーで希釈してはならない。

ハ 多液形塗料を調合する場合は、塗膜の硬化不良を防止するために、硬化剤を規定よりも多く添加するとよい。

ニ 多液形塗料の可使時間が過ぎた場合は、シンナーで希釈するとよい。

3 塗膜の硬化機構に関する記述として、適切でないものはどれか。

イ 塗料中の溶剤が蒸発することにより塗膜が硬化することを揮発硬化という。

ロ 赤外線の照射により塗膜が重合・硬化することを光重合硬化という。

ハ 塗膜が空気中の酸素と反応して酸化し、さらに重合を伴って硬化することを酸化重合硬化という。

ニ 塗料に添加された触媒・硬化剤の働きにより塗膜が硬化することを付加重合硬化という。

4 日本工業規格(JIS)の引っかき硬度(鉛筆法)試験に関する記述として、適切なものはどれか。

イ 試験に使用する鉛筆をけずる場合、鉛筆のしんは、先のとがった円錐形となるようにけずる。

ロ 試験の間、鉛筆は、塗面に対して垂直に保持する。

ハ 試験は、手かき法により行ってもよい。

ニ 試験は、塗膜に傷跡が生じるまで鉛筆の硬度スケールを上げて繰り返し、塗膜に初めて傷跡が生じたときの鉛筆の硬度を塗膜の鉛筆硬度とする。

5 塗膜の欠陥とその対策の組合せとして、適切でないものはどれか。

欠陥 対策

イ はけ目・・・塗料の粘度を上げる。

ロ にじみ・・・適切な塗装間隔をとる。

ハ 剝(は)がれ・・・入念な素地ごしらえをする。

ニ 白亜化・・・耐候性の良い塗料を選択する。

[B群(多肢択一法)]

6　文中の(　　)内に当てはまる語句の組合せとして、適切なものはどれか。
　エアスプレーガンでは、塗料の噴出量に対する空気量を(①)するほど霧が細かくなり、塗料粘度が(②)なるほど霧が粗くなる。

	①	②
イ	多く・・・	高く
ロ	多く・・・	低く
ハ	少なく・・	高く
ニ	少なく・・	低く

7　酸化重合硬化形の塗料はどれか。
　イ　エポキシ樹脂塗料
　ロ　2液形ポリウレタン樹脂塗料
　ハ　長油性フタル酸樹脂塗料
　ニ　ふっ素樹脂塗料

8　アルコール系溶剤を主成分とするシンナーを使用する塗料はどれか。
　イ　2液形ポリウレタン樹脂塗料
　ロ　エッチングプライマー
　ハ　長油性フタル酸樹脂塗料
　ニ　ふっ素樹脂塗料

9　塗膜に可とう性(柔軟性)を与えることを目的として使用される添加剤はどれか。
　イ　乾燥剤
　ロ　可塑剤
　ハ　増粘剤
　ニ　沈降防止剤

10　日本工業規格(JIS)によれば、理想的な黒の明度はどれか。
　イ　0
　ロ　1
　ハ　8
　ニ　10

11　明るい黄緑に該当するマンセル記号はどれか。
　イ　5YR 8／10
　ロ　6YR 5／6
　ハ　6GY 5／4
　ニ　7GY 8／8

[B群(多肢択一法)]

12 日本工業規格(JIS)によれば、放射能を意味する安全色はどれか。

イ 黄
ロ 黄赤
ハ 赤
ニ 赤紫

13 日本工業規格(JIS)によれば、配管系の識別表示における管内の物質の種類とその識別色の組合せとして、正しいものはどれか。

物質　　識別色
イ 水・・・・暗い赤
ロ 蒸気・・・うすい黄
ハ 空気・・・白
ニ ガス・・・青

14 消防法関係法令によれば、危険物第四類第一石油類の非水溶性液体の指定数量として、正しいものはどれか。

イ 200リットル
ロ 400リットル
ハ 1000リットル
ニ 2000リットル

15 特定化学物質障害予防規則において、特定化学物質として規制の対象となっているものはどれか。

イ トルエン
ロ キシレン
ハ エチルベンゼン
ニ エチルアルコール

16 一般に、耐熱塗料として、最も適しているものはどれか。

イ シリコン樹脂塗料
ロ エポキシ樹脂塗料
ハ アクリル樹脂塗料
ニ フタル酸樹脂塗料

17 耐アルカリ性が最も劣っている塗料はどれか。

イ フタル酸樹脂塗料
ロ ふっ素樹脂塗料
ハ 2液形エポキシ樹脂塗料
ニ 2液形ポリウレタン樹脂塗料

［B群(多肢択一法)］

18　アルミニウムダイカストの塗装工程で行う作業として、一般に、適切でないものはどれか。
　イ　アルカリ脱脂
　ロ　陽極酸化皮膜処理
　ハ　エッチングプライマー塗装
　ニ　エポキシプライマー塗装

19　焼付け塗装におけるセッティングに関する記述として、適切でないものはどれか。
　イ　加熱乾燥の前に塗膜中の溶剤をある程度蒸発させる工程である。
　ロ　水性塗料は、一般に、溶剤形塗料に比べてセッティング時間が短い。
　ハ　適度なセッティングは、塗膜のレベリングにも有効である。
　ニ　セッティングが不十分であると、加熱乾燥時に塗膜にピンホールやふくれが発生することがある。

20　鉄鋼素地にりん酸塩化成皮膜処理を行う前の表面調整に使用する調整剤として、適切なものはどれか。
　イ　クロム酸
　ロ　りん酸
　ハ　塩酸
　ニ　しゅう酸

21　一般に、エアスプレー式静電塗装機で使用される電圧として、適切なものはどれか。
　イ　20kV
　ロ　60kV
　ハ　130kV
　ニ　180kV

22　比較的高粘度の塗料をできるだけ低い吹付け圧力で吹き付けることにより、しぼ模様を作る塗装法はどれか。
　イ　クラッキング塗装
　ロ　ちりめん塗装
　ハ　レザートーン塗装
　ニ　ハンマートーン塗装

23　低圧霧化エアスプレーガンの特徴として、適切でないものはどれか。
　イ　一般に、通常のエアスプレーガンよりも塗着効率が高い。
　ロ　塗装時の空気キャップ内圧が0.07MPa以下である。
　ハ　ガンへの塗料供給方式には、重力式、吸上げ式及び圧送式がある。
　ニ　ソリッドカラーの塗料は塗装できるが、メタリックカラーの塗料は塗装できない。

[B群(多肢択一法)]

24 渦流(ベンチュリー)式ブースにおいて、塗料ミストの捕集効率に最も大きく影響するものはどれか。

イ　作業温度

ロ　水温

ハ　水位

ニ　エリミネータ

25 有機溶剤中毒予防規則によれば、上方吸引型の外付け式フードの塗装ブースにおける制御風速として、正しいものはどれか。

イ　0.1m／秒

ロ　0.4m／秒

ハ　0.5m／秒

ニ　1.0m／秒

平成30年度 技能検定
1級 塗装 学科試験問題
(噴霧塗装作業)

1. 試験時間　1時間40分
2. 問題数　50題(A群25題、B群25題)
3. 注意事項

（1） 係員の指示があるまで、この表紙はあけないでください。

（2） 答案用紙(真偽法と多肢択一法の併用)に検定職種名、作業名、級別、受検番号、氏名を必ず記入してください。

（3） 係員の指示に従って、問題数を確かめてください。それらに異常がある場合は、黙って手を挙げてください。問題はA群(真偽法)とB群(多肢択一法)とに分かれています。

（4） 試験開始の合図で始めてください。

（5） 解答の方法(真偽法と多肢択一法の併用)は次のとおりです。

イ.　A群の問題(真偽法)は、一つ一つの問題の内容が正しいか、誤っているかを判断して解答してください。

ロ.　B群の問題(多肢択一法)は、正解と思うものを一つだけ選んで、解答してください。二つ以上に解答した場合は誤答となります。

ハ.　答案用紙(マークシート用紙)へ解答する際は、答案用紙に記載されている注意事項に従ってください。

ニ.　答案用紙の解答欄は、A群の問題とB群の問題とでは異なります。所定の解答欄に、試験問題の題数に応じて解答してください。解答欄はA群は50題まで、B群は25題まで解答できるようになっています。

（6） 電子式卓上計算機その他これと同等の機能を有するものは、使用してはいけません。

（7） 携帯電話等は、使用してはいけません。

（8） 試験中、質問があるときは、黙って手を挙げてください。ただし、試験問題の内容、漢字の読み方等に関する質問にはお答えできません。

（9） 試験終了時刻前に解答ができあがった場合は、黙って手を挙げて、係員の指示に従ってください。

（10） 試験中に手洗いに立ちたいときは、黙って手を挙げて、係員の指示に従ってください。

（11） 試験終了の合図があったら、筆記用具を置き、係員の指示に従ってください。

[A群(真偽法)]

1 塗料には、防火を目的としたものもある。

2 タッチアップ塗装とは、塗装部の全体的な塗り直しをいう。

3 日本工業規格(JIS)によれば、塗膜の色の目視比較に用いる自然昼光照明は、試験片が置かれる部分では均一であり、少なくとも2000lxレベルの照度でなければならないと規定されている。

4 合成樹脂調合ペイントは、空気中の炭酸ガスと反応して硬化乾燥する。

5 日本工業規格(JIS)によれば、クロスカット法試験は、塗膜の硬度を測定する試験である。

6 ブリードとは、塗膜の表面が劣化し、粉状となる現象をいう。

7 ストリッパブルペイントの主な目的は、さび、汚れ、擦傷等から被塗物を一時的に保護することである。

8 エアスプレーガンでは、霧化空気圧を高くして吐出空気量を多くするほど、霧の粒子は粗くなる。

9 塗膜の耐候性とは、屋外で日光、風雨、露霜、寒暖、乾湿等の自然の作用に抵抗して変化しにくい性質をいう。

10 塗料の溶剤として使用される酢酸エチルは、水よりも比重が小さい。

11 リターダーは、高沸点溶剤を主成分としている。

12 赤と青緑は、補色関係にある。

13 日本工業規格(JIS)によれば、無彩色は、明度の数値の前に無彩色の記号Nを付けて記載する。

14 同じ明度の灰色の紙でも、白い紙の上に置いた場合には、黒い紙の上に置いた場合よりも明るく見える。

15 廃棄物の処理及び清掃に関する法律関係法令によれば、乾燥・固化した廃塗料(廃プラスチック類)は、一般廃棄物に分類される。

［A群(真偽法)］

16 安全データシート(SDS)は、化学品について、名称、成分及びその含有量、物理的及び化学的性質、人体に及ぼす作用、貯蔵又は取扱い上の注意、流出その他の事故が発生した場合において講ずべき応急の措置等に関する情報を記載する文書である。

17 消防法関係法令によれば、1気圧において、危険物第四類第二石油類は、第一石油類よりも引火点が低く、引火しやすい。

18 アミノアルキド樹脂塗料の焼付け温度は、一般に、熱硬化形アクリル樹脂塗料よりも低い。

19 コンテナの塗装では、一般に、上塗りにジンクリッチペイントが使用されている。

20 鋼板の油分をラッカーシンナーで拭き取った直後は、溶剤の気化熱によって鋼板の表面温度が上昇する。

21 静電塗装を行う場合には、作業者は、電気絶縁性のよい靴を履くとよい。

22 鉄鋼面に付着している鉱物油の除去には、アルカリ脱脂も有効である。

23 エア併用形のエアレススプレー塗装機は、一般に、通常のエアレススプレー塗装機よりも塗料圧力が高い。

24 静電霧化方式による静電塗装を行う場合のスプレーブースの排気風速は、エアスプレーを行う場合よりも速くする必要がある。

25 赤外線乾燥炉に使用される赤外線は、その波長によって、近赤外線、遠赤外線等に区分される。

[Ｂ群(多肢択一法)]

1　水性塗料槽に被塗物を浸漬し、直流電流を流して塗る塗装法はどれか。

イ　たんぽずり

ロ　ロールコーティング

ハ　静電塗装

ニ　電着塗装

2　塗料の調合に関する記述として、適切でないものはどれか。

イ　無溶剤形変性エポキシ樹脂塗料は、シンナーで希釈してはならない。

ロ　シンナーでの希釈率は、塗装法の種類によって異なる。

ハ　多液形塗料の調合に際しては、混合比率を正しく守る必要がある。

ニ　多液形塗料の可使時間が過ぎた場合は、シンナーで希釈するとよい。

3　熱風乾燥炉において、一般に、空気を暖める熱源として使用されないものはどれか。

イ　重油の燃焼熱

ロ　LPGの燃焼熱

ハ　都市ガスの燃焼熱

ニ　太陽熱

4　破壊式膜厚計はどれか。

イ　電磁式膜厚計

ロ　Vカット・スコープ式膜厚計

ハ　永久磁石式膜厚計

ニ　渦電流式膜厚計

5　マスキングテープの取扱いとして、一般に、適切でないものはどれか。

イ　テープを貼る前の被塗面を十分に清掃しておく。

ロ　テープを貼る前の被塗面を十分に乾燥させておく。

ハ　テープに均一に圧力を加えて貼る。

ニ　テープを剥がす際は、塗膜が完全に乾燥してから剥がす。

6　エアレススプレー塗装機の取扱いに関する記述として、適切でないものはどれか。

イ　噴射圧力は、低圧から漏れを確認しながら高圧へと上げていく。

ロ　噴射圧力の確認の際は、噴射孔に直接手を当てて確認する。

ハ　吹付け距離は、一般に、30～40cmとする。

ニ　運行速度は、一般に、70cm／秒程度とする。

［B群(多肢択一法)］

7　亜鉛の犠牲防食作用によって鋼材面を防せいする塗料はどれか。
　イ　フェノール変性アルキド樹脂塗料
　ロ　ポリウレタン樹脂塗料
　ハ　無機ジンクリッチペイント
　ニ　変性エポキシ樹脂塗料

8　消防法関係法令によれば、ミネラルスピリットは、どの危険物に該当するか。
　イ　第四類第一石油類
　ロ　第四類第二石油類
　ハ　第四類第三石油類
　ニ　第四類動植物油類

9　日本工業規格(JIS)によれば、理想的な白の明度はどれか。
　イ　0
　ロ　1
　ハ　5
　ニ　10

10　あざやかな青紫に該当するマンセル記号はどれか。
　イ　5RP 7.5/4.5
　ロ　5PB 4.5/7.5
　ハ　9PB 3.5/13
　ニ　7RP 5/13

11　日本工業規格(JIS)によれば、「警告」を意味する安全色はどれか。
　イ　黄
　ロ　緑
　ハ　赤
　ニ　青

[B群(多肢択一法)]

12 日本工業規格(JIS)によれば、配管系の識別表示における水管の識別色はどれか。

イ 白
ロ 茶色
ハ うすい黄
ニ 青

13 文中の(　　)内に当てはまる数値として、正しいものはどれか。

廃棄物の処理及び清掃に関する法律関係法令によれば、事業者は、運搬受託者又は処分受託者に交付した管理票の写しを、当該管理票を交付した日から(　　)年間保存しなければならないと規定されている。

イ 1
ロ 3
ハ 5
ニ 10

14 労働安全衛生法関係法令において、局所排気装置の定期自主検査の検査項目として、規定されていないものはどれか。

イ 排風機の注油状態
ロ 吸気及び排気の能力
ハ ダクトの接続部における緩みの有無
ニ 駆動時の騒音レベル

15 次の塗料の中で、一般に、最も耐酸性に優れているものはどれか。

イ 油性塗料
ロ 合成樹脂調合ペイント
ハ フタル酸樹脂塗料
ニ 2液形ポリウレタン樹脂塗料

16 文中の(　　)内に当てはまる語句として、正しいものはどれか。

日本工業規格(JIS)によれば、アミノアルキド樹脂塗料のエナメル(　　)については、低温焼付け塗装を必要とする場合の上塗りに用いると規定されている。

イ 1種
ロ 2種1号
ハ 2種2号
ニ 3種

17 塩化ビニル樹脂塗料の特徴に関する記述として、適切なものはどれか。

イ 2液形で、乾燥は速いが、厚膜が得られにくい。
ロ 2液形で、乾燥は遅いが、厚膜が得られやすい。
ハ 1液形で、乾燥は速いが、厚膜が得られにくい。
ニ 1液形で、乾燥は遅いが、厚膜が得られやすい。

[Ｂ群(多肢択一法)]

18　鋼材のさび止め塗料に関する記述として、適切でないものはどれか。

イ　水及び酸素の浸透を抑制する。

ロ　塗膜の電気抵抗を大きくし、腐食電流を流さない。

ハ　塗膜と鋼材との界面を酸性に保つ。

ニ　素地金属のイオン化を防ぐ。

19　文中の(　　)内に当てはまる語句として、適切なものはどれか。

鋼材の加熱加工などの製造過程でできる(　　)は、均一な膜を形成している間は素地を保護する働きをもっているが、傷がつくと素地が腐食しやすくなるので、完全に除去することが望ましい。

イ　青さび

ロ　赤さび

ハ　陽極酸化皮膜

ニ　黒皮

20　工業ラインの電着塗装において得られる塗膜厚として、一般的なものはどれか。

イ　5μm程度

ロ　20μm程度

ハ　50μm程度

ニ　100μm程度

21　エアスプレー塗装機による吹付け塗装時に塗料が息切れする原因として、最も可能性が高いものはどれか。

イ　塗料ノズルの間隙にゴミが固着している。

ロ　吹付け圧力が高すぎる。

ハ　空気キャップの角穴が詰まっている。

ニ　ニードル弁パッキンが緩んでいる。

22　エアレススプレー塗装機による吹付け塗装時にテール(縞)が生じる原因として、最も可能性が高いものはどれか。

イ　塗料の比重が小さい。

ロ　塗料の粘度が高い。

ハ　塗料加圧圧力が高い。

ニ　顔料分の少ない塗料を使用している。

23　塗装作業時の排出ミストの捕集効率が最も高いものはどれか。

イ　渦流式ブース

ロ　シャワー式ブース

ハ　フィルタ式ブース

ニ　バッフルプレート式ブース

[B群(多肢択一法)]

24　有機溶剤中毒予防規則によれば、側方吸引型の外付け式フードの塗装ブースにおける制御風速として、正しいものはどれか。

イ　0.1m／秒

ロ　0.4m／秒

ハ　0.5m／秒

ニ　1.0m／秒

令和2年度 技能検定
2級 塗装 学科試験問題
（鋼橋塗装作業）

1. 試験時間　1時間40分
2. 問題数　50題(A群25題、B群25題)
3. 注意事項

（1） 係員の指示があるまで、この表紙はあけないでください。

（2） 答案用紙(真偽法と多肢択一法の併用)に検定職種名、作業名、級別、受検番号、氏名を必ず記入してください。

（3） 係員の指示に従って、問題数を確かめてください。それらに異常がある場合は、黙って手を挙げてください。問題はA群(真偽法)とB群(多肢択一法)とに分かれています。

（4） 試験開始の合図で始めてください。

（5） 解答の方法(真偽法と多肢択一法の併用)は次のとおりです。

イ．　A群の問題(真偽法)は、一つ一つの問題の内容が正しいか、誤っているかを判断して解答してください。

ロ．　B群の問題(多肢択一法)は、正解と思うものを一つだけ選んで、解答してください。二つ以上に解答した場合は誤答となります。

ハ．　答案用紙(マークシート用紙)へ解答する際は、答案用紙に記載されている注意事項に従ってください。

ニ．　答案用紙の解答欄は、A群の問題とB群の問題とでは異なります。所定の解答欄に、試験問題の題数に応じて解答してください。解答欄はA群は50題まで、B群は25題まで解答できるようになっています。

（6） 電子式卓上計算機その他これと同等の機能を有するものは、使用してはいけません。

（7） 携帯電話、スマートフォン、ウェアラブル端末等は、使用してはいけません。

（8） 試験中、質問があるときは、黙って手を挙げてください。ただし、試験問題の内容、漢字の読み方等に関する質問にはお答えできません。

（9） 試験終了時刻前に解答ができあがった場合は、黙って手を挙げて、係員の指示に従ってください。

（10） 試験中に手洗いに立ちたいときは、黙って手を挙げて、係員の指示に従ってください。

（11） 試験終了の合図があったら、筆記用具を置き、係員の指示に従ってください。

［A群（真偽法）］

1 塗料には、防火を目的としたものはない。

2 エアレススプレー塗装は、塗料を直接加圧して霧化し、被塗物に吹き付ける塗装法である。

3 塗料の粘度は、塗料の温度が低いほど低くなる。

4 酸化重合反応形塗料は、塗膜の内面から乾燥する。

5 フローカップ粘度計は、流下式粘度計の一種である。

6 白亜化とは、垂直な面に塗装した場合に、塗料が流れてたまりが生じることをいう。

7 焼付け乾燥では、耐熱性のあるマスキングテープを使用しないと、マスキングテープの粘着剤が被塗物に焼き付いてしまうことがある。

8 エアレススプレーガンで塗料を吹き付けるときは、引き金をゆっくり引くとよい。

9 エポキシ樹脂塗料は、一般に、耐薬品性に劣る。

10 日本産業規格(JIS)によれば、鉛・クロムフリーさび止めペイントの1種は、有機溶剤を揮発成分とする液状・自然乾燥形のさび止め塗料とされている。

11 鋼道路橋防食便覧によれば、弱溶剤形塗料とは、溶剤形塗料のうち、エポキシ樹脂塗料、ふっ素樹脂塗料などで、弱溶剤を主な溶剤成分及び希釈溶剤としている塗料をいう。

12 日本産業規格(JIS)によれば、研磨布紙用研磨材の粒度において、P280は、P120よりも粒子が粗い。

13 無彩色とは、白、黒及び灰色のような色相のない色をいう。

14 日本産業規格(JIS)によれば、三属性による色の表示記号において、記号 V は明度を表す。

15 同じ彩度の色でも、面積が大きくなると、明るく鮮やかに見える。

16 ガソリンの引火点は、トルエンの引火点よりも高い。

［A群（真偽法）］

17 労働安全衛生法関係法令によれば、はしご道は、原則として、はしごの上端を床から60cm以上突出させることとされている。

18 ステンレス鋼の種類によっては、応力腐食割れなどが生じるものがある。

19 日本産業規格(JIS)によれば、エッチングプライマーは、金属表面の油脂や汚染物質を除去する目的で用いるものがあるとされている。

20 無機ジンクリッチペイントは、相対湿度が50%以下のときには、塗装作業を避ける。

21 ディスクサンダは、平面部の素地調整に適している。

22 ブラスト加工した鋼材面は、さびの発生が早いので、できるだけ速やかに塗料を塗付する必要がある。

23 2液形塗料の可使時間(ポットライフ)は、塗料の種類が異なっても同じである。

24 エアレススプレー塗装において、圧力倍率1：40の塗装機は、圧力倍率1：20の塗装機に比べて、高粘度塗料の塗装に適している。

25 労働安全衛生法関係法令によれば、つり足場の作業床は、原則として、幅を40cm以上とし、かつ、すき間がないようにすることとされている。

［B群（多肢択一法）］

1 次のうち、ローラーブラシ塗りをする箇所として、適切でないものはどれか。
 イ 壁面
 ロ 天井
 ハ 屋根
 ニ ボルト部

2 淡彩色の調色に関する記述として、適切でないものはどれか。
 イ 調色は、一般に、白塗料に原色を少量ずつ加えながら行う。
 ロ 原色は、分量を多く添加するものから混入していく。
 ハ 黒は、添加し過ぎると調整しにくくなる。
 ニ 比色は、塗膜が乾燥していない状態で行う。

3 次のうち、酸化重合硬化する塗料はどれか。
 イ アクリルラッカー
 ロ ポリウレタン樹脂塗料
 ハ ふっ素樹脂塗料
 ニ アルキド樹脂塗料

4 文中の(　　)内に当てはまる語句として、正しいものはどれか。
 日本産業規格(JIS)によれば、プルオフ法試験は、塗膜の(　　)を評価する試験方法である。
 イ 付着性
 ロ 耐薬品性
 ハ 乾燥性
 ニ 耐候性

5 溶剤形塗料をスプレー塗装したとき、スプレーダストの原因とならないものはどれか。
 イ 強風時に塗装した。
 ロ シンナーに高沸点溶剤を使用した。
 ハ スプレーガンと被塗面との距離を長くした。
 ニ スプレーガンの運行速度を速くした。

6 塗装後の養生用粘着テープを剥がす時期を決める要因として、最も関係しないものはどれか。
 イ 塗膜の厚さ
 ロ 塗料の種類
 ハ 塗料の色
 ニ 塗膜の乾燥状態

［B群（多肢択一法）］

7　次のはけの種類はどれか。

イ　ずんどう

ロ　むらきり

ハ　一寸筋かい

ニ　丸ばけ

8　一般に、上塗り塗料として使用されないものはどれか。

イ　有機ジンクリッチペイント

ロ　長油性フタル酸樹脂塗料

ハ　ポリウレタン樹脂塗料

ニ　ふっ素樹脂塗料

9　塗料のうすめ液の使用目的として、適切でないものはどれか。

イ　塗り肌の調整

ロ　引火性の調整

ハ　粘度の調整

ニ　乾燥速度の調整

10　日本産業規格(JIS)によれば、白色アルミナ研削材及び研磨材を表す記号はどれか。

イ　A

ロ　C

ハ　GC

ニ　WA

11　次のうち、寒色はどれか。

イ　赤紫

ロ　緑

ハ　黄

ニ　青

12　マンセル記号 5R 6／4 において、彩度を表す部分はどれか。

イ　5

ロ　R

ハ　6

ニ　4

［B群（多肢択一法）］

13　日本産業規格(JIS)によれば、次のうち、安全色の緑が表す意味はどれか。

イ　安全状態
ロ　放射能
ハ　注意警告
ニ　防火

14　文中の(　　)内に当てはまる数値として、正しいものはどれか。

消防法関係法令によれば、危険物第四類第一石油類における水溶性液体の指定数量は、(　　)リットルとされている。

イ　100
ロ　200
ハ　300
ニ　400

15　文中の(　　)内に当てはまる数値として、正しいものはどれか。

労働安全衛生法関係法令によれば、つり足場のつりワイヤロープは、ワイヤロープ一(ひと)よりの間において素線(フィラ線を除く。)の数の(　　)%以上の素線が切断しているものを使用してはならないこととされている。

イ　5
ロ　7
ハ　10
ニ　12

16　文中の(　　)内に当てはまる数値として、正しいものはどれか。

労働安全衛生法関係法令によれば、酸素欠乏とは、空気中の酸素の濃度が(　　)%未満である状態をいうとされている。

イ　25
ロ　22
ハ　20
ニ　18

17　日本産業規格(JIS)によれば、次のうち、ステンレス鋼材を表す種類の記号はどれか。

イ　SS400
ロ　SD295A
ハ　SKY400
ニ　SUS304

［B群（多肢択一法）］

18 日本産業規格(JIS)によれば、下図の形鋼の種類として、正しいものはどれか。

イ 山形鋼
ロ T形鋼
ハ 溝形鋼
ニ H形鋼

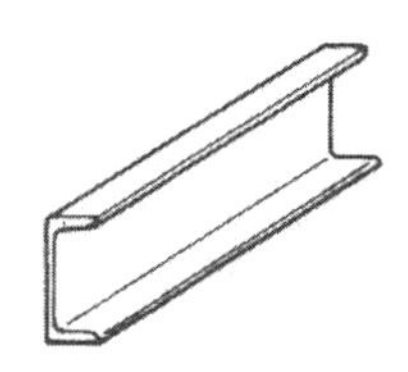

19 次のうち、無機ジンクリッチプライマーの上に塗装してもよい塗料はどれか。

イ 油性さび止めペイント
ロ 長油性フタル酸樹脂塗料
ハ シリコンアルキド樹脂塗料
ニ エポキシ樹脂塗料

20 次のうち、気温 4°C でも塗装してよい塗料はどれか。

イ 長ばく形エッチングプライマー
ロ 無機ジンクリッチペイント
ハ 超厚膜形エポキシ樹脂塗料
ニ エポキシ樹脂塗料下塗

21 次のうち、ボルト頭の素地調整に最も適切なものはどれか。

イ スクレーパー(力棒)
ロ ワイヤブラシ
ハ 鋲(びょう)かき
ニ ハンマー

22 鋼道路橋防食便覧によれば、塗替え時の素地調整をブラスト法によって行わなければならない素地調整程度はどれか。

イ 1種
ロ 2種
ハ 3種
ニ 4種

23 一般に、塗料の塗り重ねに最も適している時期はどれか。

イ 指触乾燥前
ロ 指触乾燥後で半硬化乾燥前
ハ 半硬化乾燥後で硬化乾燥前
ニ 硬化乾燥後

［B群（多肢択一法）］

24 エアレススプレー塗装機において、ノズルチップの交換によって調整する項目でないものはどれか。

イ　スプレーパターンの開き

ロ　スプレーパターンの形状

ハ　塗料の圧力

ニ　塗料の噴出量

25 文中の(　　)内に当てはまる数値として、正しいものはどれか。

労働安全衛生法関係法令によれば、単管足場用鋼管規格に適合する鋼管を用いて構成される単管足場にあっては、原則として、建地の間隔は、けた行方向を1.85m以下、はり間方向を(　　)m以下とすることとされている。

イ　1.25

ロ　1.5

ハ　1.85

ニ　2.5

令和元年度 技能検定
2級 塗装 学科試験問題
（鋼橋塗装作業）

1. 試験時間　1時間40分
2. 問題数　50題(A群25題、B群25題)
3. 注意事項

（1） 係員の指示があるまで、この表紙はあけないでください。

（2） 答案用紙(真偽法と多肢択一法の併用)に検定職種名、作業名、級別、受検番号、氏名を必ず記入してください。

（3） 係員の指示に従って、問題数を確かめてください。それらに異常がある場合は、黙って手を挙げてください。問題はA群(真偽法)とB群(多肢択一法)とに分かれています。

（4） 試験開始の合図で始めてください。

（5） 解答の方法(真偽法と多肢択一法の併用)は次のとおりです。

イ． A群の問題(真偽法)は、一つ一つの問題の内容が正しいか、誤っているかを判断して解答してください。

ロ． B群の問題(多肢択一法)は、正解と思うものを一つだけ選んで、解答してください。二つ以上に解答した場合は誤答となります。

ハ． 答案用紙(マークシート用紙)へ解答する際は、答案用紙に記載されている注意事項に従ってください。

ニ． 答案用紙の解答欄は、A群の問題とB群の問題とでは異なります。所定の解答欄に、試験問題の題数に応じて解答してください。解答欄はA群は50題まで、B群は25題まで解答できるようになっています。

（6） 電子式卓上計算機その他これと同等の機能を有するものは、使用してはいけません。

（7） 携帯電話等は、使用してはいけません。

（8） 試験中、質問があるときは、黙って手を挙げてください。ただし、試験問題の内容、漢字の読み方等に関する質問にはお答えできません。

（9） 試験終了時刻前に解答ができあがった場合は、黙って手を挙げて、係員の指示に従ってください。

（10） 試験中に手洗いに立ちたいときは、黙って手を挙げて、係員の指示に従ってください。

（11） 試験終了の合図があったら、筆記用具を置き、係員の指示に従ってください。

[A群(真偽法)]

1　塗装には、防火を目的としたものがある。

2　エアレススプレー塗装では、一般に、エアスプレー塗装よりも高い粘度の塗料を吹き付けることができる。

3　調色では、原則として、配合量が多い色の塗料から順に混合する。

4　合成樹脂調合ペイントは、空気中の酸素を吸収し、酸化重合することによって硬化する。

5　日本工業規格(JIS)によれば、促進耐候試験は、塗膜を屋外に設置して、紫外線や太陽光による塗膜の変化を調べる試験である。

6　油性さび止めペイントを厚く塗りすぎると、塗膜内部の硬化が、塗膜表面の硬化よりも遅れることがある。

7　弾性系塗料を塗付した際に使用した養生テープは、塗膜が完全に乾燥してから剥(は)がすとよい。

8　エアスプレーガンでは、塗料の粘度が高くなるほど、霧(噴霧粒子)は細かくなる。

9　無機顔料を使用した塗料は、一般に、有機顔料を使用した塗料よりも耐候性が劣る。

10　エポキシ樹脂塗料は、一般に、耐薬品性に優れている。

11　有機溶剤である酢酸エチルの比重は、水よりも大きい。

12　リターダーは、塗料の乾燥を速めるために用いられる。

13　同じ灰色でも、背景が黒地の場合よりも白地の場合の方が明るく見える。

14　マンセル記号で5GY 4／6と表される色の色相は、黄緑である。

15　日本工業規格(JIS)によれば、安全色とは、安全を図るための意味を備えた特別の属性をもつ色である。

16　毒物及び劇物取締法関係法令によれば、引火性、発火性又は爆発性のある毒物又は劇物であって政令で定めるものは、業務その他正当な理由による場合を除いて所持してはならない。

[A群(真偽法)]

17 一酸化炭素用防毒マスクは、有機化合物のガスに対しても使用することができる。

18 アルミニウムは、海岸の周辺において塩害による劣化が生じることがある。

19 長ばく形エッチングプライマーには、無機ジンクリッチペイントを塗り重ねることはできない。

20 鋼道路橋防食便覧によれば、エポキシ樹脂塗料下塗は、塗装場所の気温が0℃のときに塗装を行ってもよい。

21 日本工業規格(JIS)によれば、粒度P320の研磨布紙は、粒度P100の研磨布紙よりも研磨材の粒子が細かい。

22 ブラスト加工された鋼材面は、さびの発生が遅いので、ブラスト加工してから塗料を塗付するまでに数日間空けることができる。

23 溶接部は、溶接の直後に塗装をすると、塗膜にふくれが生じることがある。

24 エアレススプレー塗装では、吹付け距離が短いほど、パターン幅が広くなり、塗膜が薄くなる。

25 労働安全衛生法関係法令によれば、高さ5mの作業場所におけるつり足場の作業床は、床材間の隙間を3cm以下にしなければならない。

［B群(多肢択一法)］

1 塗装法の種類に関する一般的な記述として、適切でないものはどれか。

イ エアレススプレー塗装は、厚膜塗装に適している。

ロ ローラブラシによる塗装では、塗料によってローラ目や泡などが生じやすい。

ハ エアレススプレー塗装は、塗料の飛散による損失量がエアスプレー塗装に比べて少ない。

ニ エアレススプレー塗装は、小物部材の塗装に適している。

2 色合わせに関する記述として、適切でないものはどれか。

イ 色を比較する場合は、試し塗りした直後に行うとよい。

ロ 自然昼光照明による色比較では、太陽の直射光を避ける。

ハ 試し塗り板は、見本板と同じ大きさが望ましい。

ニ 同じ塗料でも、塗り方によって塗装後の色調が異なる場合がある。

3 重合乾燥により硬化する塗料でないものはどれか。

イ アクリル樹脂エマルション塗料

ロ エポキシ樹脂塗料

ハ ポリウレタン樹脂塗料

ニ ふっ素樹脂塗料

4 塗膜の機械的性質を評価する次の試験方法のうち、素地まで貫通する切込みを入れたときの素地からの剥離(はくり)に対する塗膜の耐性を評価するものはどれか。

イ 荷重針法

ロ 研磨紙法

ハ 鉛筆法

ニ クロスカット法

5 塗料の粘度が高すぎる場合に発生する塗膜の欠陥はどれか。

イ たれ

ロ 塗膜厚不足

ハ はけ目

ニ 隠蔽(いんぺい)不足

6 塗装後の養生用粘着テープを剥(は)がす時期を決める要因として、最も関係しないものはどれか。

イ 塗膜の厚さ

ロ 塗料の種類

ハ 塗料の色

ニ 塗膜の乾燥状態

[B群(多肢択一法)]

7　日本建築学会建築工事標準仕様書(JASS)によれば、下図のはけの名称として、適切なものはどれか。

イ　たたきばけ
ロ　筋かいばけ
ハ　平ばけ
ニ　丸ばけ

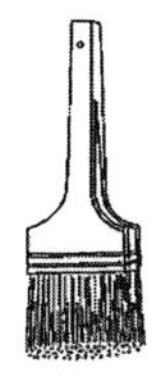

8　鋼材用下塗り塗料に関する一般的な記述として、適切なものはどれか。

イ　鋼材の腐食反応を抑制する機能を有している。
ロ　色相は、赤さび色やさび色に限定される。
ハ　上塗り塗料よりも耐光性が良い。
ニ　上塗り塗料よりも光沢がある。

9　うすめ液の使用目的として、適切でないものはどれか。

イ　塗り肌の調整
ロ　引火性の調整
ハ　粘度の調整
ニ　乾燥速度の調整

10　日本工業規格(JIS)によれば、白色アルミナ研削材及び研磨材を表す記号はどれか。

イ　A
ロ　C
ハ　GC
ニ　WA

11　次のうち、無彩色はどれか。

イ　紫
ロ　赤
ハ　黒
ニ　青

12　マンセル表色系において、紫を表す色相記号はどれか。

イ　B
ロ　P
ハ　RP
ニ　YR

[B群(多肢択一法)]

13 色相の差が最も大きい色の組合せはどれか。
- イ 黄と黄緑
- ロ 青と青緑
- ハ 赤と紫
- ニ 赤と緑

14 消防法関係法令によれば、引火性液体における危険物としての類別はどれか。
- イ 第一類
- ロ 第二類
- ハ 第三類
- ニ 第四類

15 労働安全衛生法関係法令によれば、第二種有機溶剤等の区分を表す色はどれか。
- イ 緑
- ロ 黄
- ハ 青
- ニ 赤

16 文中の(　　)内に当てはまる数値として、正しいものはどれか。

労働安全衛生法関係法令によれば、酸素欠乏とは、空気中の酸素の濃度が(　　)%未満である状態をいう。
- イ 25
- ロ 22
- ハ 20
- ニ 18

17 文中の(　　)内に当てはまる語句として、適切なものはどれか。

日本工業規格(JIS)によれば、ステンレス鋼とは、(　　)含有率を10.5%以上、炭素含有率を1.2%以下とし、耐食性を向上させた合金鋼である。
- イ ナトリウム
- ロ クロム
- ハ アルミニウム
- ニ 鉛

18 日本工業規格(JIS)によれば、下図のような断面形状を持つ形鋼の種類はどれか。
- イ H形鋼
- ロ I形鋼
- ハ 溝形鋼
- ニ 不等辺山形鋼

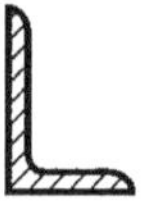

[B群(多肢択一法)]

19 耐熱性が最も低いプライマーはどれか。
　イ　エポキシ樹脂系プライマー
　ロ　無機系ジンクリッチプライマー
　ハ　有機系ジンクリッチプライマー
　ニ　エッチングプライマー

20 鋼道路橋防食便覧によれば、湿度50RH%以下が塗装禁止条件に当たるものはどれか。
　イ　鉛・クロムフリーさび止めペイント
　ロ　長ばく形エッチングプライマー
　ハ　無機ジンクリッチプライマー
　ニ　エポキシ樹脂塗料下塗

21 金属の素地調整に関する記述として、適切でないものはどれか。
　イ　サンドブラストは、ミルスケール、赤さび及び汚れを完全に取ることができる。
　ロ　ディスクサンダは、手工具よりも能率良くさびを取ることができる。
　ハ　バキュームブラストは、ほこりの飛散が少ない。
　ニ　ワイヤブラシは、極めて硬いさびなどを取るのに適している。

22 鋼道路橋防食便覧によれば、塗替え塗装時の素地調整において、動力工具で塗膜及びさびを全面除去して鋼材面を露出させる素地調整程度の種類はどれか。
　イ　2種
　ロ　3種A
　ハ　3種B
　ニ　3種C

23 ローラ塗りに関する一般的な記述として、適切でないものはどれか。
　イ　広い平滑面に対して、はけ塗りよりも能率良く塗装できる。
　ロ　上塗り塗装では、はけ塗りよりも光沢に優れた塗面が得られる。
　ハ　はけ塗りよりも塗布技能を習得しやすい。
　ニ　凹凸面、細物部材、エッジ部などの塗装では、作業性が悪い。

24 エアレススプレー塗装機において、ノズルチップの交換によって調整する項目でないものはどれか。
　イ　スプレーパターンの開き
　ロ　スプレーパターンの形状
　ハ　塗料の圧力
　ニ　塗料の噴出量

[B群(多肢択一法)]

25　文中の(　　)内に当てはまる数値として、適切なものはどれか。

労働安全衛生法関係法令によれば、つり足場のつり鎖について、リンクの断面の直径の減少が、製造されたときのリンクの断面の直径の(　　)%を超えるものは、使用してはならない。

イ　3
ロ　5
ハ　7
ニ　10

平成30年度 技能検定
2級 塗装 学科試験問題
（鋼橋塗装作業）

1. 試験時間　1時間40分
2. 問題数　　50題(A群25題、B群25題)
3. 注意事項

（1） 係員の指示があるまで、この表紙はあけないでください。

（2） 答案用紙(真偽法と多肢択一法の併用)に検定職種名、作業名、級別、受検番号、氏名を必ず記入してください。

（3） 係員の指示に従って、問題数を確かめてください。それらに異常がある場合は、黙って手を挙げてください。問題はA群(真偽法)とB群(多肢択一法)とに分かれています。

（4） 試験開始の合図で始めてください。

（5） 解答の方法(真偽法と多肢択一法の併用)は次のとおりです。

イ．　A群の問題(真偽法)は、一つ一つの問題の内容が正しいか、誤っているかを判断して解答してください。

ロ．　B群の問題(多肢択一法)は、正解と思うものを一つだけ選んで、解答してください。二つ以上に解答した場合は誤答となります。

ハ．　答案用紙(マークシート用紙)へ解答する際は、答案用紙に記載されている注意事項に従ってください。

ニ．　答案用紙の解答欄は、A群の問題とB群の問題とでは異なります。所定の解答欄に、試験問題の題数に応じて解答してください。解答欄はA群は50題まで、B群は25題まで解答できるようになっています。

（6） 電子式卓上計算機その他これと同等の機能を有するものは、使用してはいけません。

（7） 携帯電話等は、使用してはいけません。

（8） 試験中、質問があるときは、黙って手を挙げてください。ただし、試験問題の内容、漢字の読み方等に関する質問にはお答えできません。

（9） 試験終了時刻前に解答ができあがった場合は、黙って手を挙げて、係員の指示に従ってください。

（10） 試験中に手洗いに立ちたいときは、黙って手を挙げて、係員の指示に従ってください。

（11） 試験終了の合図があったら、筆記用具を置き、係員の指示に従ってください。

[A群(真偽法)]

1 鋼橋塗装の主たる目的は、塗料を被塗面に塗り付けて連続塗膜を形成することにより、被塗物を保護し、また美化することである。

2 エアレススプレー塗装は、塗料を直接加圧して霧化し、被塗物に吹き付ける塗装法である。

3 塗料の粘度は、塗料の温度が低いほど低くなる。

4 酸化重合反応形塗料は、塗膜の内部から硬化した後、表面が硬化する。

5 フローカップ粘度計は、回転式粘度計の一種である。

6 塗膜のまだら・むらの原因の一つとして、塗料のかくはん不足が挙げられる。

7 エポキシ樹脂塗料下塗は、雨天により相対湿度95%のときでも、雨が掛からないように養生すれば塗装してもよい。

8 エアレススプレーガンの運行において、均一な塗膜を得るためには、手首をこまめに動かして塗装する方がよい。

9 合成樹脂エマルションペイントは、有機溶剤に合成樹脂を分散させた塗料である。

10 鉛・クロムフリーさび止めペイントは、鉛・クロムを配合したさび止め塗料である。

11 2液形ポリウレタン樹脂塗料を希釈する溶剤には、アルコール系溶剤が含まれている。

12 日本工業規格(JIS)によれば、研磨紙において、粒度P280の研磨材は、粒度P120の研磨材よりも粒子が細かい。

13 有彩色には、色相がない。

14 マンセル表色系において、色相RPは、赤紫を表す。

15 同じ彩度の色でも、面積が大きくなると、やや暗く見える。

16 ガソリンの引火点は、トルエンよりも高い。

[A群(真偽法)]

17 労働安全衛生法関係法令によれば、はしご道については、はしごの上端を床から60cm以上突出させることと規定されている。

18 鉄を水中に入れると、白さびを生じる。

19 鉛・クロムフリーさび止めペイントは、一般に、亜鉛めっき面に対する付着性がよい。

20 無機ジンクリッチペイントは、相対湿度50%以下のときには、塗装を行わない。

21 ディスクサンダは、平面部の劣化塗膜除去に適している。

22 ブラスト加工された鋼材面は、さびの発生が早いので、できるだけ速やかに塗料を塗付する必要がある。

23 2液形塗料の可使時間とは、主剤と硬化剤等を混合した後、塗装作業に支障なく使用可能な時間をいう。

24 エアレススプレー塗装機は、ポンプ圧力倍率が大きいものほど高粘度塗料の塗装に適している。

25 労働安全衛生法関係法令によれば、つり足場の作業床は、幅を40cm以上とし、かつ、すき間がないようにすることと規定されている。

[B群(多肢択一法)]

1 負に帯電させた噴霧塗料を正極である被塗物に吸引付着させて塗る塗装法はどれか。

イ 電着塗装
ロ エアスプレー塗装
ハ 静電塗装
ニ エアレススプレー塗装

2 文中の(　　)内に当てはまる語句として、適切なものはどれか。

調色において、最終の色の確認は、塗料が(　　)において行う。

イ 塗装された直後
ロ 指触乾燥した状態
ハ 半硬化乾燥した状態
ニ 硬化乾燥した状態

3 主に硬化剤によって硬化する塗料はどれか。

イ 塩化ビニル樹脂塗料
ロ アクリル樹脂エマルション塗料
ハ ふっ素樹脂塗料
ニ 合成樹脂調合ペイント

4 塗膜の付着性を評価する試験はどれか。

イ クロスカット法試験
ロ 塩水噴霧試験
ハ 円筒形マンドレル法試験
ニ 鉛筆引っかき試験

5 溶剤形塗料をスプレー塗装したときに、スプレーダストの原因とならないものはどれか。

イ 強風時に塗装した。
ロ シンナーに高沸点溶剤を使用した。
ハ スプレーガンと被塗面との距離を長くした。
ニ スプレーガンの運行速度を速くした。

6 養生用粘着テープに関する一般的な記述として、適切でないものはどれか。

イ 均一に圧力を加えて貼る。
ロ 貼る前に被塗面を清掃・乾燥させておく。
ハ はがすときは、塗膜が完全に乾燥してから一気にはがす。
ニ 目的・用途によって種類を使い分ける。

［B群(多肢択一法)］

7　塗装直後の塗膜厚を測定する機器として、適切なものはどれか。
　イ　渦電流式膜厚計
　ロ　マイクロメータ
　ハ　永久磁石式膜厚計
　ニ　ウェット膜厚計

8　鉄鋼面の下塗り塗料の特性に関する記述として、適切なものはどれか。
　イ　水分や塩類などの腐食因子の浸透を抑制する働きがある。
　ロ　色相は、赤さび色やさび色に限定される。
　ハ　耐光性が特に優れている。
　ニ　上塗り塗料よりも光沢がよい。

9　合成樹脂調合ペイントのシンナーの主成分として、適切なものはどれか。
　イ　トルエン
　ロ　キシレン
　ハ　ミネラルスピリット
　ニ　エチルアルコール

10　日本工業規格(JIS)によれば、黒色炭化けい素研削材及び研磨材を表す記号はどれか。
　イ　A
　ロ　C
　ハ　GC
　ニ　WA

11　寒色はどれか。
　イ　赤紫
　ロ　緑
　ハ　黄
　ニ　青

12　マンセル記号 2.5YR 5／10において、明度を表す部分はどれか。
　イ　2.5
　ロ　2.5YR
　ハ　5
　ニ　10

[B群(多肢択一法)]

13 日本工業規格(JIS)によれば、安全色の緑が表す意味はどれか。

イ 安全状態

ロ 放射能

ハ 警告

ニ 防火

14 消防法関係法令によれば、製造所等における危険物の貯蔵又は取扱いに関する記述として、誤っているものはどれか。

イ 貯留設備又は油分離装置に溜まった危険物は、くみ上げないこと。

ロ 常に整理・清掃に努め、不必要なものを置かないこと。

ハ 許可数量を超える危険物は、取り扱わないこと。

ニ みだりに火気を使用しないこと。

15 労働安全衛生法関係法令によれば、第三種有機溶剤等の区分を表す色はどれか。

イ 青

ロ 赤

ハ 黄

ニ 緑

16 文中の(　　)内に当てはまる数値として、正しいものはどれか。

労働安全衛生法関係法令によれば、つり足場のつりワイヤロープについては、ワイヤロープ一(ひと)よりの間において素線(フィラ線を除く。)の数の(　　)%以上の素線が切断しているものを使用しないことと規定されている。

イ 5

ロ 7

ハ 10

ニ 12

17 日本工業規格(JIS)によれば、一般構造用圧延鋼材を表す記号はどれか。

イ SS400

ロ SD295A

ハ SKY400

ニ SUS304

18 日本工業規格(JIS)によれば、下図の鋼材の名称として、正しいものはどれか。

イ 山形鋼

ロ T形鋼

ハ 溝形鋼

ニ H形鋼

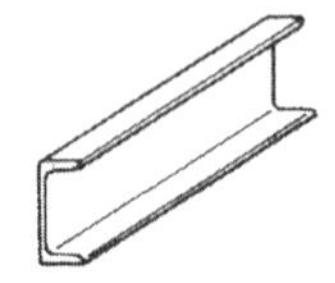

[B群(多肢択一法)]

19 鋼橋塗装の上塗り用の塗料として、適切でないものはどれか。

イ 無機ジンクリッチペイント
ロ ふっ素樹脂塗料
ハ ポリウレタン樹脂塗料
ニ 合成樹脂調合ペイント

20 油性さび止めペイントに塗り重ねることができる塗料はどれか。

イ エポキシ樹脂塗料
ロ 長油性フタル酸樹脂塗料
ハ ポリウレタン樹脂塗料
ニ ふっ素樹脂塗料

21 ボルト頭の素地調整に最も適切な手工具はどれか。

イ スクレーパー(力棒)
ロ ワイヤブラシ
ハ 鋲(びょう)かき
ニ ハンマー

22 鋼道路橋防食便覧によれば、塗替え時の素地調整の作業内容として、さび、旧塗膜を全て除去し、鋼材面を露出させると規定されている素地調整程度はどれか。

イ 1種
ロ 2種
ハ 3種
ニ 4種

23 一般に、塗り重ねに最も適している時期はどれか。

イ 指触乾燥前
ロ 指触乾燥後、半硬化乾燥前
ハ 半硬化乾燥後、硬化乾燥前
ニ 硬化乾燥後

24 エアスプレー塗装と比較したエアレススプレー塗装の特徴として、適切でないものはどれか。

イ 塗料の飛散が少ない。
ロ 塗着効率がよい。
ハ 噴出圧力が低い。
ニ 厚膜形塗料の塗装ができる。

[B群(多肢択一法)]

25　文中の(　　)内に当てはまる数値として、正しいものはどれか。

労働安全衛生法関係法令によれば、単管足場用鋼管規格に適合する鋼管を用いて構成される単管足場においては、建地の間隔は、けた行方向を(　　)m以下、はり間方向は1.5m以下としなければならないと規定されている。

イ　1.25
ロ　1.50
ハ　1.85
ニ　2.50

令和2年度 技能検定
1級 塗装 学科試験問題
（鋼橋塗装作業）

1. 試験時間　1時間40分
2. 問題数　50題(A群25題、B群25題)
3. 注意事項

（1） 係員の指示があるまで、この表紙はあけないでください。

（2） 答案用紙(真偽法と多肢択一法の併用)に検定職種名、作業名、級別、受検番号、氏名を必ず記入してください。

（3） 係員の指示に従って、問題数を確かめてください。それらに異常がある場合は、黙って手を挙げてください。問題はA群(真偽法)とB群(多肢択一法)とに分かれています。

（4） 試験開始の合図で始めてください。

（5） 解答の方法(真偽法と多肢択一法の併用)は次のとおりです。

イ.　A群の問題(真偽法)は、一つ一つの問題の内容が正しいか、誤っているかを判断して解答してください。

ロ.　B群の問題(多肢択一法)は、正解と思うものを一つだけ選んで、解答してください。二つ以上に解答した場合は誤答となります。

ハ.　答案用紙(マークシート用紙)へ解答する際は、答案用紙に記載されている注意事項に従ってください。

ニ.　答案用紙の解答欄は、A群の問題とB群の問題とでは異なります。所定の解答欄に、試験問題の題数に応じて解答してください。解答欄はA群は50題まで、B群は25題まで解答できるようになっています。

（6） 電子式卓上計算機その他これと同等の機能を有するものは、使用してはいけません。

（7） 携帯電話、スマートフォン、ウェアラブル端末等は、使用してはいけません。

（8） 試験中、質問があるときは、黙って手を挙げてください。ただし、試験問題の内容、漢字の読み方等に関する質問にはお答えできません。

（9） 試験終了時刻前に解答ができあがった場合は、黙って手を挙げて、係員の指示に従ってください。

（10） 試験中に手洗いに立ちたいときは、黙って手を挙げて、係員の指示に従ってください。

（11） 試験終了の合図があったら、筆記用具を置き、係員の指示に従ってください。

［A群（真偽法）］

1　塗装の目的の一つには、被塗物の保護がある。

2　静電塗装とは、塗料に負の電荷を帯びさせ、被塗物に塗着させる塗装法をいう。

3　日本産業規格(JIS)によれば、塗膜の色の目視比較に用いる自然昼光照明は、試験片が置かれる部分では均一であり、少なくとも1000lxレベルの照度でなければならないとされている。

4　アクリルラッカーは、酸化重合反応により硬化する。

5　日本産業規格(JIS)によれば、塗料一般試験方法における引っかき硬度(鉛筆法)は、塗膜の付着性を評価するものである。

6　塗装した下塗りが十分に乾燥していない状態で上塗りを行うと、塗装面にしわが生じやすい。

7　ストリッパブルペイントは、金属製品やプラスチック製品などの表面に一時防せいや汚れ防止等のために塗る塗料で、ある塗装期間後に容易に剥がし取ることができる。

8　日本産業規格(JIS)によれば、研磨布紙における記号のCは、黒色炭化けい素質研磨材を表す。

9　無機ジンクリッチペイントは、塗膜が厚過ぎても割れや剥がれが生じることはない。

10　真溶剤とは、塗膜の骨格である樹脂を溶解する性質をもつ溶剤をいう。

11　リターダーは、ラッカー類を塗装する際に塗膜のかぶり防止の目的で、ラッカーシンナーに混合して使用する。

12　塗料に含まれる顔料は、一般に、水や溶剤に溶けやすい。

13　同じ明るさの灰色でも、白地を背景にした灰色は、黒地を背景にした灰色よりも明るく見える。

14　日本産業規格(JIS)によれば、明度の表示方法において、理想的な黒は0、理想的な白は10とされている。

15　原色の赤色塗料と白色塗料を1：2の割合で混合した場合、彩度は、原色の赤色塗料よりも高くなる。

［A群（真偽法）］

16 廃棄物の処理及び清掃に関する法律関係法令によれば、塗装現場で発生する廃棄物のうち、可燃材については、現場で自由に焼却してもよいとされている。

17 移動式足場(ローリングタワー)には、作業者を乗せて移動してはならない。

18 アルミニウム材は、塩分により腐食が生じるおそれがある。

19 日本産業規格(JIS)によれば、鉛・クロムフリーさび止めペイントにおける塗膜中の鉛の定量(質量分率%)は、0.6%以下とされている。

20 I桁鋼橋の主桁に設けられる補剛材には、水平補剛材と垂直補剛材がある。

21 溶融亜鉛めっき面をスィーププラスト処理で素地調整する場合は、亜鉛皮膜を剥離しないよう、また、研削し過ぎないように注意する必要がある。

22 鋼道路橋防食便覧によれば、塗替え塗装において、素地調整程度が3種Aの作業方法は、ブラスト法で行うこととされている。

23 鋼橋塗装におけるタッチアップ塗りとは、鋼橋の加工、仮組立て、運搬、架橋の工程において、塗膜を局部的に損傷した場合等に行う局部補修塗りのことをいう。

24 エアレス塗装機を使用する場合は、一般に、塗装機や被塗物にアースをとる必要がある。

25 労働安全衛生法関係法令によれば、つり足場の上で、脚立やはしご等を用いて作業してもよいとされている。

［B群（多肢択一法）］

1　塗装方法に関する記述として、適切でないものはどれか。

イ　エアレススプレー塗りは、塗料を直接加圧して霧化し、被塗物に吹き付ける塗装である。

ロ　エアレススプレー塗りは、厚膜形塗料の塗付に適している。

ハ　ローラーブラシ塗りにおいて、ローラーの運行による泡の巻き込みは、ピンホールの原因の一つである。

ニ　同じ毛のはけではけ塗りをする場合、粘度の低い塗料には、毛たけの長いものよりも短いものの方が適している。

2　文中の(　　)内に当てはまる語句として、適切なものはどれか。

淡彩色の調色では、一般に、(　　)塗料に原色を少量ずつ加えながら作業する。

イ　白

ロ　赤

ハ　青

ニ　黒

3　日本産業規格(JIS)において、乾燥の程度として、塗面の中央を指先で静かに軽くこすって塗面にすり跡が付かない状態と、規定されているものはどれか。

イ　指触乾燥

ロ　半硬化乾燥

ハ　硬化乾燥

ニ　完全乾燥

4　次のうち、不飽和ポリエステル樹脂塗料の硬化の種類として、適切なものはどれか。

イ　蒸発硬化

ロ　酸化重合硬化

ハ　付加重合硬化

ニ　縮合重合硬化

5　次の塗料色のうち、一般に、隠蔽率(%)が最も低いものはどれか。

イ　白色

ロ　黄色

ハ　黒色

ニ　灰色

6　塗膜の欠陥とその対策の組合せとして、適切でないものはどれか。

	欠陥		対策
イ	はけ目	・・・	塗料の粘度を上げる。
ロ	にじみ	・・・	適切な塗装間隔をとる。
ハ	剥がれ	・・・	入念な素地ごしらえをする。
ニ	白亜化	・・・	耐候性の良い塗料を選択する。

［Ｂ群（多肢択一法）］

7　鋼道路橋防食便覧によれば、気温が30℃以上の場合、塗装を避ける必要がある塗料はどれか。

イ　エポキシ樹脂塗料下塗
ロ　鉛・クロムフリーさび止めペイント
ハ　無溶剤形変性エポキシ樹脂塗料
ニ　弱溶剤形ふっ素樹脂塗料上塗

8　鋼橋塗装で使用するエアレススプレーガンの塗料の吐出量に関する記述として、適切なものはどれか。

イ　引き金の引き代によって調整する。
ロ　塗料の圧力で調整する。
ハ　ノズルチップの交換によって調整する。
ニ　空気の圧力で調整する。

9　一般に、ショッププライマーとして使用されないものはどれか。

イ　無機ジンクリッチプライマー
ロ　エポキシ樹脂プライマー
ハ　長ばく形エッチングプライマー
ニ　有機ジンクリッチプライマー

10　一般に、長油性フタル酸樹脂塗料の希釈剤に含まれている溶剤はどれか。

イ　ミネラルスピリット
ロ　メチルアルコール
ハ　トルエン
ニ　ガソリン

11　塗装の下地調整において、1回で厚付けできるパテとして、適切なものはどれか。

イ　ラッカーパテ
ロ　オイルパテ
ハ　ポリエステルパテ
ニ　カシューパテ

12　文中の(　　)内に当てはまる語句として、適切なものはどれか。

同じ面積に塗装しても、大きく広く見える色と小さく狭く見える色があるが、これを(　　)という。

イ　膨張色及び収縮色
ロ　面積効果
ハ　明度対比
ニ　寒色及び暖色

［B群（多肢択一法）］

13　マンセル記号5R 6／4において、5Rが表すものはどれか。

イ　色相
ロ　明度
ハ　彩度
ニ　濃度

14　日本産業規格(JIS)における次の安全色のうち、安全状態の意味を有するものはどれか。

イ　赤紫
ロ　黄
ハ　緑
ニ　赤

15　消防法関係法令によれば、危険物第四類第一石油類の非水溶性液体の指定数量として、正しいものはどれか。

イ　200リットル
ロ　400リットル
ハ　1000リットル
ニ　2000リットル

16　有機溶剤中毒予防規則によれば、第三種有機溶剤等の区分を表す色はどれか。

イ　青
ロ　赤
ハ　黄
ニ　緑

17　文中の(　　)内に当てはまる語句として、適切なものはどれか。

ステンレス鋼は、耐食性を向上させるため、(　　)を多く含有させた合金鋼である。

イ　ナトリウム
ロ　クロム
ハ　アルミニウム
ニ　鉛

18　ガラスフレーク塗料の特徴に関する記述として、適切でないものはどれか。

イ　耐摩耗性に優れている。
ロ　ラジカル重合形は、貯蔵有効期間が長い。
ハ　アミン硬化形は、低温時の乾燥性が劣る。
ニ　ガラスフレークの効果により、残留応力が小さい。

［B群（多肢択一法)］

19 鋼材の素地調整をブラスト処理で行う場合の研削材として、適切でないものはどれか。

イ 鋳鉄グリット
ロ 銅スラグ
ハ 溶融アルミナ
ニ プラスチック粒

20 文中の(　　)内に当てはまる語句として、適切なものはどれか。

建築工事標準仕様書(JASS)によれば、溶接部の塗装において、溶接部が強いアルカリ性を示す場合は、自然放置による中和を待つか、(　　)などにより中和処理などを施す必要があるとされている。

イ りん酸
ロ 硫酸
ハ 硝酸
ニ 塩酸

21 素地調整に使用する動力工具とその使用目的の組合せとして、適切でないものはどれか。

	動力工具		使用目的
イ	エアハンマ	・・・・・・・・	深さびの粗落とし
ロ	ディスクサンダ	・・・・・	比較的広い平面部の素地調整
ハ	スケーリングマシン	・・・	浮きさび落とし、清掃
ニ	カップワイヤホイール	・・	リベット頭やボルト頭などの素地調整

22 鋼道路橋防食便覧において、はけ塗り塗装時の気温23℃における希釈率(重量%)が、5%以下とされている塗料はどれか。

イ 有機ジンクリッチペイント
ロ 超厚膜形エポキシ樹脂塗料
ハ 弱溶剤形ふっ素樹脂塗料上塗
ニ 長油性フタル酸樹脂塗料上塗

23 次のうち、エアレススプレーの塗料加圧方式はどれか。

イ プランジャーポンプ式
ロ 圧送式
ハ 吸上げ式
ニ 重力式

［B群（多肢択一法）］

24 文中の(　　)内に当てはまる数値として、正しいものはどれか。

労働安全衛生法関係法令によれば、足場(一側足場を除く。)における高さ2m以上の作業場所に設ける作業床の幅は、つり足場の場合を除き(　　)cm以上とすることとされている。

イ　20

ロ　30

ハ　40

ニ　50

25 文中の(　　)内に当てはまる数値として、正しいものはどれか。

労働安全衛生法関係法令によれば、つり足場(ゴンドラのつり足場を除く。)の作業床の最大積載荷重における材料の安全係数として、つりワイヤロープにあっては、(　　)以上となるように定めなければならないとされている。

イ　2.5

ロ　3

ハ　5

ニ　10

令和元年度 技能検定
1級 塗装 学科試験問題
(鋼橋塗装作業)

1. 試験時間　1時間40分
2. 問題数　50題(A群25題、B群25題)
3. 注意事項

(1) 係員の指示があるまで、この表紙はあけないでください。

(2) 答案用紙(真偽法と多肢択一法の併用)に検定職種名、作業名、級別、受検番号、氏名を必ず記入してください。

(3) 係員の指示に従って、問題数を確かめてください。それらに異常がある場合は、黙って手を挙げてください。問題はA群(真偽法)とB群(多肢択一法)とに分かれています。

(4) 試験開始の合図で始めてください。

(5) 解答の方法(真偽法と多肢択一法の併用)は次のとおりです。

イ. A群の問題(真偽法)は、一つ一つの問題の内容が正しいか、誤っているかを判断して解答してください。

ロ. B群の問題(多肢択一法)は、正解と思うものを一つだけ選んで、解答してください。二つ以上に解答した場合は誤答となります。

ハ. 答案用紙(マークシート用紙)へ解答する際は、答案用紙に記載されている注意事項に従ってください。

ニ. 答案用紙の解答欄は、A群の問題とB群の問題とでは異なります。所定の解答欄に、試験問題の題数に応じて解答してください。解答欄はA群は50題まで、B群は25題まで解答できるようになっています。

(6) 電子式卓上計算機その他これと同等の機能を有するものは、使用してはいけません。

(7) 携帯電話等は、使用してはいけません。

(8) 試験中、質問があるときは、黙って手を挙げてください。ただし、試験問題の内容、漢字の読み方等に関する質問にはお答えできません。

(9) 試験終了時刻前に解答ができあがった場合は、黙って手を挙げて、係員の指示に従ってください。

(10) 試験中に手洗いに立ちたいときは、黙って手を挙げて、係員の指示に従ってください。

(11) 試験終了の合図があったら、筆記用具を置き、係員の指示に従ってください。

[A群(真偽法)]

1 危険の防止や仕事の能率向上などのために、色彩がもつ心理的・生理的性質を活用することを、色彩調節という。

2 静電塗装の特長の一つとして、凹凸がある被塗物に対しても均一な膜厚を得やすいことがある。

3 色ののぼりとは、塗付された塗料が乾燥するに従って色味が濃くなってくることをいう。

4 油性さび止めペイントは、空気中の酸素と反応して硬化乾燥する。

5 日本工業規格(JIS)によれば、引っかき硬度(鉛筆法)の試験は、塗膜の硬度を測定する試験である。

6 下塗り塗膜が十分に乾燥していない状態で上塗りを行った場合は、塗装面にしわが生じやすい。

7 ストリッパブルペイントは、貼紙を防止する塗料である。

8 ポンプ倍率が30：1のエアレススプレー塗装機において、圧搾空気圧力を0.5MPaにすると、塗料圧力は60MPaとなる。

9 無機ジンクリッチプライマーは、金属亜鉛末を主成分とする粉末と、けい酸塩を主成分とする液からなる塗料である。

10 リターダーの主原料は、低沸点溶剤である。

11 うすめ液に用いる有機溶剤は、一般に、引火性があり容易に燃焼しやすい。

12 2液形ポリウレタン樹脂塗料などに含まれるイソシアネート基は、空気中の水分と反応しやすい。

13 赤と黄緑は、補色の関係にある。

14 日本工業規格(JIS)によれば、無彩色は、明度の数値の前に無彩色の記号B を付けて記載する。

15 化成皮膜処理とは、金属の表面に保護能力を持つ酸化物や反応生成物を化学的に作る処理をいう。

[A群(真偽法)]

16 廃棄物の処理及び清掃に関する法律の目的は、廃棄物の排出を抑制し、及び廃棄物の適正な分別、保管、収集、運搬、再生、処分等の処理をし、並びに生活環境を清潔にすることにより、生活環境の保全及び公衆衛生の向上を図ることである。

17 有機溶剤中毒予防規則によれば、事業者は、有機溶剤等を取り扱う有害な業務に労働者を常時従事させる場合、1年以内ごとに1回、定期に、医師による健康診断を行わなければならない。

18 鋼橋の対傾構には、鋳鉄材を使用する。

19 日本工業規格(JIS)によれば、鉛・クロムフリーさび止めペイントにおける、有害重金属の含有量(質量分率%)の上限は、1%とされている。

20 I桁鋼橋における主桁に設けられる補剛材には、水平補剛材と垂直補剛材がある。

21 無機ジンクリッチペイントは、ディスクサンダ処理された鋼材面に塗付しなければならない。

22 鋼道路橋防食便覧によれば、素地調整程度4種は、除せい作業を必要とせず、面粗しや清掃を行うものである。

23 無機ジンクリッチペイントは、塗装作業中にも攪拌(かくはん)する必要がある。

24 鋼橋塗装において、エアレススプレー装置を使用する場合は、装置や被塗物にアースを取る必要がある。

25 ローリングタワーの上で作業する場合は、ストッパーを確実にかければ、作業床の周囲に手すりを設けなくてもよい。

[B群(多肢択一法)]

1　エアレススプレー塗装に関する記述として、適切でないものはどれか。

イ　使用する塗料によっては、テール現象が生じる。

ロ　高圧塗料ホースは、補強等のためステンレス線などで編み上げられている。

ハ　ノズルチップの交換によって、スプレーパターンを変えられる。

ニ　コンプレッサで、圧縮した空気と塗料を混合させて塗装する方法である。

2　調色における原色の基本の組合せとして、適切なものはどれか。

イ　白、黒、赤、青、黄

ロ　黒、赤、青、黄、緑

ハ　赤、青、黄、緑、紫

ニ　青、黄、緑、紫、白

3　塗料の硬化機構に関する記述として、適切なものはどれか。

イ　蒸発硬化では、主剤と硬化剤が反応して硬化塗膜を形成する。

ロ　酸化重合硬化では、塗膜が空気中の酸素を吸収して酸化し、さらに重合を伴って硬化する。

ハ　縮合重合硬化では、塗膜が空気中の炭酸ガスと反応して硬化する。

ニ　加熱重合硬化では、加熱によって融解した塗膜が冷却によって硬化する。

4　エポキシ樹脂塗料の硬化の種類として、適切なものはどれか。

イ　酸化重合硬化

ロ　蒸発硬化

ハ　付加重合硬化

ニ　縮合重合硬化

5　日本工業規格(JIS)によれば、塗膜の鏡面光沢度を測定する方法として、適切なものはどれか。

イ　0度鏡面光沢

ロ　60度鏡面光沢

ハ　75度鏡面光沢

ニ　90度鏡面光沢

6　塗膜の欠陥であるブリードの対策として、適切なものはどれか。

イ　素地調整を念入りにする。

ロ　下塗りを侵さない塗料を採用する。

ハ　乾燥時に、温度の急激な上昇を避ける。

ニ　厚塗りをする。

［B群(多肢択一法)］

7　塗膜の欠陥の種類とその対策の組合せとして、適切でないものはどれか。

	欠陥の種類	対策
イ	はがれ・・・・・・	古い塗膜を剥離（はくり）してから再塗装する。
ロ	リフティング・・・	塗装の間隔を調整する。
ハ	つやの不良・・・・	上塗りを塗り重ねる。
ニ	はじき・・・・・・	さらに厚塗りする。

8　エアレススプレーガンの塗料の吐出量に関する記述として、適切なものはどれか。

イ　引き金の引き代によって調整する。
ロ　塗料の圧力で調整する。
ハ　ノズルチップの交換によって調整する。
ニ　空気の圧力で調整する。

9　鋼道路橋防食便覧によれば、気温4℃が塗装禁止条件に当たらないものはどれか。

イ　長ばく形エッチングプライマー
ロ　ふっ素樹脂塗料上塗
ハ　ふっ素樹脂塗料用中塗
ニ　鉛・クロムフリーさび止めペイント

10　油性調合ペイント、合成樹脂調合ペイント等の、油性塗料に使用されるシンナーはどれか。

イ　ラッカーシンナー
ロ　アクリルシンナー
ハ　エポキシシンナー
ニ　塗料用シンナー

11　一般に、塗料の添加剤として使用しないものはどれか。

イ　可塑剤
ロ　乾燥剤
ハ　発泡剤
ニ　沈殿防止剤

12　文中の(　　)内に当てはまる語句として、適切なものはどれか。

黒い紙の上にグレーの紙を置くと、グレーの紙が実際よりも白っぽく見え、逆に、白い紙の上にグレーの紙を置くと、グレーの紙が実際よりも黒っぽく見える現象を(　　)という。

イ　面積効果
ロ　膨張色
ハ　明度対比
ニ　収縮色

[Ｂ群(多肢択一法)]

13　マンセル記号で示される次の色の組合せのうち、色相対比の効果が最も大きいものはどれか。

イ　2.5B 5／8 と 2.5B 8／8
ロ　2.5B 5／8 と 2.5Y 5／8
ハ　2.5B 5／8 と 7.5B 5／8
ニ　2.5B 5／8 と 2.5B 5／4

14　日本工業規格(JIS)によれば、放射能を意味する安全色はどれか。

イ　黄赤
ロ　黄
ハ　赤紫
ニ　赤

15　消防法関係法令によれば、危険物の第四類に該当するものはどれか。

イ　自然発火性物質及び禁水性物質
ロ　自己反応性物質
ハ　引火性液体
ニ　酸化性液体

16　労働安全衛生法関係法令において、局所排気装置の定期自主検査の検査事項として、規定されていないものはどれか。

イ　排風機の注油状態
ロ　吸気及び排気の能力
ハ　ダクトの接続部における緩みの有無
ニ　駆動時の騒音レベル

17　耐候性鋼材において、非晶質さびの生成を目的として添加されることがない元素はどれか。

イ　銅
ロ　鉛
ハ　クロム
ニ　ニッケル

18　鋼材の素地調整をブラスト処理で行う場合の研削材として、適切でないものはどれか。

イ　鋳鉄グリット
ロ　銅スラグ
ハ　溶融アルミナ
ニ　プラスチック粒

[B群(多肢択一法)]

19　塗膜の表面に付着した塩分の測定方法でないものはどれか。

イ　ガーゼ拭き取り法
ロ　電導度法
ハ　円筒形マンドレル法
ニ　ブレッセル法

20　文中の(　　)内に当てはまる語句として、適切なものはどれか。

日本建築学会建築工事標準仕様書(JASS)によれば、溶接部の塗装において溶接部が強いアルカリ性を示す場合は、自然放置による中和を待つか、(　　)などにより中和処理などを施す必要がある。

イ　りん酸
ロ　硫酸
ハ　硝酸
ニ　塩酸

21　素地調整に使用する動力工具とその使用目的の組合せとして、適切でないものはどれか。

	動力工具	使用目的
イ	エアハンマ・・・・・・・・	深さびの粗落とし
ロ	ディスクサンダ・・・・・・	比較的広い平面部の素地調整
ハ	スケーリングマシン・・・・	浮きさび落とし、清掃
ニ	カップワイヤホイール・・・	リベット頭、ボルト頭などの素地調整

22　鋼道路橋防食便覧によれば、はけ塗り塗装時の気温23℃における希釈率(重量%)が、5%以下とされている塗料はどれか。

イ　有機ジンクリッチペイント
ロ　超厚膜形エポキシ樹脂塗料
ハ　弱溶剤形ふっ素樹脂塗料上塗
ニ　長油性フタル酸樹脂塗料上塗

23　エアレススプレーの塗料加圧方式として、適切なものはどれか。

イ　プランジャーポンプ式
ロ　圧送式
ハ　吸上げ式
ニ　重力式

[B群(多肢択一法)]

24 労働安全衛生法関係法令における、つり足場のつり鎖に関する記述として、適切でないものはどれか。

イ 亀裂があるものは、使用してはならない。

ロ リンクの断面の直径の減少が、製造されたときのリンクの断面の直径の5%に達したものは、使用してはならない。

ハ 伸びが、製造されたときの長さの5%を超えるものは、使用してはならない。

ニ 一端を足場桁等に、他端を建築物のはり等に、それぞれ確実に取り付けなければならない。

25 労働安全衛生法関係法令における単管足場に関する記述として、適切でないものはどれか。

イ 建地の間隔は、けた行方向を2.5m以下、はり間方向を2m以下とする。

ロ 地上第一の布は、高さ2m以下の位置に設ける。

ハ 壁つなぎの間隔は、垂直方向を5m以下、水平方向を5.5m以下とする。

ニ 建地間の積載荷重は、400kgを限度とする。

平成30年度 技能検定
1級 塗装 学科試験問題
（鋼橋塗装作業）

1. 試験時間　1時間40分
2. 問題数　50題(A群25題、B群25題)
3. 注意事項

(1) 係員の指示があるまで、この表紙はあけないでください。

(2) 答案用紙(真偽法と多肢択一法の併用)に検定職種名、作業名、級別、受検番号、氏名を必ず記入してください。

(3) 係員の指示に従って、問題数を確かめてください。それらに異常がある場合は、黙って手を挙げてください。問題はA群(真偽法)とB群(多肢択一法)とに分かれています。

(4) 試験開始の合図で始めてください。

(5) 解答の方法(真偽法と多肢択一法の併用)は次のとおりです。

イ. A群の問題(真偽法)は、一つ一つの問題の内容が正しいか、誤っているかを判断して解答してください。

ロ. B群の問題(多肢択一法)は、正解と思うものを一つだけ選んで、解答してください。二つ以上に解答した場合は誤答となります。

ハ. 答案用紙(マークシート用紙)へ解答する際は、答案用紙に記載されている注意事項に従ってください。

ニ. 答案用紙の解答欄は、A群の問題とB群の問題とでは異なります。所定の解答欄に、試験問題の題数に応じて解答してください。解答欄はA群は50題まで、B群は25題まで解答できるようになっています。

(6) 電子式卓上計算機その他これと同等の機能を有するものは、使用してはいけません。

(7) 携帯電話等は、使用してはいけません。

(8) 試験中、質問があるときは、黙って手を挙げてください。ただし、試験問題の内容、漢字の読み方等に関する質問にはお答えできません。

(9) 試験終了時刻前に解答ができあがった場合は、黙って手を挙げて、係員の指示に従ってください。

(10) 試験中に手洗いに立ちたいときは、黙って手を挙げて、係員の指示に従ってください。

(11) 試験終了の合図があったら、筆記用具を置き、係員の指示に従ってください。

[A群(真偽法)]

1 鋼橋塗装における重防食塗装の目的の一つとして、ライフサイクルコストの低減がある。

2 静電塗装は、一般に、塗料に正の電荷を帯びさせて被塗物に塗着させる方法である。

3 日本工業規格(JIS)によれば、色の目視比較に用いる拡散昼光は、北半球においては、部分的に曇りの南方の空からのものが望ましいと規定されている。

4 塩化ビニル樹脂塗料は、酸化重合反応により硬化する。

5 日本工業規格(JIS)によれば、引っかき硬度(鉛筆法)は、塗膜の付着性を測定する方法と規定されている。

6 工具の落下等により生じた塗膜の物理的欠陥は、腐食の起点とはならない。

7 マスキングテープは、養生材の一つである。

8 ポンプの圧力倍率が30：1のエアレススプレー塗装機では、圧縮空気圧が0.4MPaの場合、塗料の噴出圧は、12.0MPaになる。

9 無機ジンクリッチペイントは、過度に厚塗りした場合、塗膜に割れやはがれが発生することがある。

10 一般に、溶剤の蒸発速度は、沸点の高い溶剤よりも沸点の低い溶剤の方が速い。

11 有機溶剤である酢酸エチル、酢酸ブチル、トルエン及びキシレンの蒸気比重は、空気よりも大きい。

12 防せい顔料では、ある程度の水溶性が必要とされることがある。

13 同じ明るさの灰色でも、白を背景にした灰色は、黒を背景にした灰色よりも明るく見える。

14 日本工業規格(JIS)によれば、無彩色は、明度の数値の前に無彩色の記号Nを付けて記載すると規定されている。

15 赤紫と緑は、互いに補色である。

16 廃棄物の処理及び清掃に関する法律関係法令によれば、塗装現場で発生する廃棄物のうち、可燃材については、現場で自由に焼却してもよいと規定されている。

[A群(真偽法)]

17　労働安全衛生法関係法令によれば、有機溶剤等の区分の色分けによる表示において、第一種有機溶剤等を表す色は、黄と規定されている。

18　金属溶射の溶射金属には、亜鉛、アルミニウム等が用いられる。

19　有機ジンクリッチペイントは、相対湿度が50％以下の場合には、塗装作業を避ける。

20　炎天下で鋼橋の被塗面が高温になっているときに塗装した場合は、塗膜に泡が生じることがある。

21　スィープブラスト処理は、溶融亜鉛めっき面の素地調整には適していない。

22　鋼道路橋防食便覧によれば、塗替え塗装において、素地調整程度が3種Aの場合、素地調整は、ブラスト法によって行わなければならない。

23　無機ジンクリッチペイントは、顔料の比重が大きいので、塗装中に常時かくはんする必要がある。

24　エアレススプレー塗りのスプレーパターン幅は、吹付け圧力で調整する。

25　労働安全衛生法関係法令によれば、つり足場の上では、脚立、はしご等を用いて作業してもよいと規定されている。

［B群(多肢択一法)］

1　塗装方法に関する記述として、適切でないものはどれか。

イ　エアレススプレー塗りは、塗料を直接加圧して霧化し、被塗物の対象面に吹き付ける方法である。

ロ　エアレススプレー塗りは、厚膜形塗料の塗付に適している。

ハ　ローラーブラシ塗りでは、ローラーの運行による泡の巻き込みがピンホールの原因の一つである。

ニ　はけ塗りにおいて、同じ毛の場合には、毛たけの短いものは、長いものよりも低い粘度の塗料に使うとよい。

2　鋼橋塗装において、主剤と硬化剤を混合して使用しない塗料はどれか。

イ　変性エポキシ樹脂塗料下塗

ロ　ふっ素樹脂塗料上塗

ハ　超厚膜形エポキシ樹脂塗料

ニ　無機ジンクリッチペイント

3　不飽和ポリエステル樹脂塗料の硬化の種類として、適切なものはどれか。

イ　蒸発硬化

ロ　酸化重合硬化

ハ　付加重合硬化

ニ　縮合重合硬化

4　日本工業規格(JIS)によれば、乾燥の程度として、塗面の中央を指先で静かに軽くこすって塗面にすり跡が付かない状態と規定されているものはどれか。

イ　指触乾燥

ロ　半硬化乾燥

ハ　硬化乾燥

ニ　完全乾燥

5　日本工業規格(JIS)によれば、塗膜の60度鏡面光沢度を測定する際の光の入射角(光を照らす角度)と受光角(反射する光を受ける角度)の組合せとして、正しいものはどれか。

	入射角	受光角
イ	60度	0度
ロ	30度	60度
ハ	60度	60度
ニ	60度	30度

6　白化(ブラッシング)の原因でないものはどれか。

イ　炎天下での塗装

ロ　高湿度時における速乾塗料の塗装

ハ　被塗面の結露

ニ　塗装直後の降雨

［B群(多肢択一法)］

7　塗膜の欠陥の種類とその対策の組合せとして、適切でないものはどれか。

	欠陥の種類	対策
イ	はけ目	希釈を控える。
ロ	にじみ	適切な塗装間隔を取る。
ハ	はがれ	入念な素地ごしらえをする。
ニ	白亜化	耐候性の良い塗料を選択する。

8　エアレススプレー塗装機の取扱いに関する記述として、適切でないものはどれか。
　イ　噴射圧力は、低圧から漏れを確認しながら高圧へと上げていく。
　ロ　噴射圧力の確認の際は、噴射孔に直接手を当てて確認する。
　ハ　吹付け距離は、一般に、30～40cmとする。
　ニ　運行速度は、一般に、70cm／秒程度とする。

9　一般に、厚く塗装しても内部硬化が不良にならない塗料はどれか。
　イ　塩化ゴム系塗料
　ロ　合成樹脂調合ペイント
　ハ　エポキシ樹脂塗料
　ニ　アクリル樹脂エマルション塗料

10　一般に、長油性フタル酸樹脂塗料のうすめ液に配合されている溶剤として、適切なものはどれか。
　イ　ミネラルスピリット
　ロ　メチルアルコール
　ハ　トルエン
　ニ　ガソリン

11　日本工業規格(JIS)によれば、白色アルミナ研磨材を表す記号はどれか。
　イ　HA
　ロ　AE
　ハ　WA
　ニ　AZ

12　黄色との色相差が最も大きいものはどれか。
　イ　青緑
　ロ　赤
　ハ　青紫
　ニ　緑

［Ｂ群(多肢択一法)］

13　マンセル記号5R 6／4において、5Rが表すものはどれか。

イ　色相

ロ　明度

ハ　彩度

ニ　濃度

14　日本工業規格(JIS)によれば、注意を意味する安全色はどれか。

イ　青

ロ　赤紫

ハ　黄

ニ　緑

15　消防法関係法令によれば、危険物第四類第一石油類の非水溶性液体の指定数量として、正しいものはどれか。

イ　200リットル

ロ　400リットル

ハ　1000リットル

ニ　2000リットル

16　文中の(　　)内に当てはまる語句として、正しいものはどれか。

労働安全衛生法関係法令によれば、架設通路について、墜落の危険のある箇所には、高さ(　　)の桟(さん)又はこれと同等以上の機能を有する設備を設けなければならないと規定されている。

イ　20cm以上

ロ　20cm以上35cm以下

ハ　35cm以上50cm以下

ニ　50cm以上

17　鋼橋の亜鉛めっき面に関する記述として、適切なものはどれか。

イ　亜鉛めっき面は、一般に、鋼面よりも塗料の付着性がよい。

ロ　亜鉛めっき鋼材を長く大気中に暴露すると、表面に白さびを生じる。

ハ　亜硫酸ガスなどが多く存在する酸性環境では、亜鉛は腐食しない。

ニ　潮風環境では、亜鉛めっき鋼材は、塗装しなくても腐食することはない。

18　下塗り塗料に関する記述として、適切でないものはどれか。

イ　鋼材面や一次防せいプライマーと密着する。

ロ　水、酸素、塩類等の腐食因子の浸透を抑制する。

ハ　鋼材の腐食反応を抑制する。

ニ　耐光性に優れている。

［B群(多肢択一法)］

19　日本工業規格(JIS)によれば、ブラスト処理用金属系研削材はどれか。
　イ　製鋼スラグ
　ロ　溶融アルミナ
　ハ　高炭素鋳鋼グリット
　ニ　アルマンダイトガーネット

20　文中の(　　)内に当てはまる語句として、正しいものはどれか。
　鋼道路橋防食便覧によれば、新設塗装時における1次素地調整の除せい程度のISO規格については、(　　)と規定されている。
　イ　Sa1程度
　ロ　Sa2 ½
　ハ　Sa3
　ニ　St3

21　鋼道路橋防食便覧によれば、塗替え塗装における素地調整の作業内容として、粉化物、汚れなどを除去すると規定されている素地調整程度はどれか。
　イ　1種
　ロ　2種
　ハ　3種C
　ニ　4種

22　鋼道路橋防食便覧によれば、次の塗料のうち、気温20℃における可使時間が最も長いものはどれか。
　イ　長ばく形エッチングプライマー
　ロ　無機ジンクリッチペイント
　ハ　超厚膜形エポキシ樹脂塗料
　ニ　無溶剤形変性エポキシ樹脂塗料

23　鋼橋塗装に使用するエアレススプレー塗装機の塗料ホースに関する記述として、適切でないものはどれか。
　イ　低圧用のものでよい。
　ロ　長いほど、吐出圧力は低下する。
　ハ　アースが取れるようになっている。
　ニ　内径は、吐出圧力に影響しない。

24　足場に設ける朝顔に関する記述として、適切なものはどれか。
　イ　桁の下側全面に吊り下げるもの
　ロ　トラス、アーチ等の橋りょう側面に設置するもの
　ハ　墜落防止及び落下物を防ぐため、足場外部へ張り出して防護網等を設けるもの
　ニ　桁高が高い場合に、必要に応じて足場の中段に設置するもの

[B群(多肢択一法)]

25　文中の(　　)内に当てはまる数値として、正しいものはどれか。

労働安全衛生法関係法令によれば、つり足場(ゴンドラのつり足場を除く。)の作業床の最大積載荷重を定めるために規定されている材料の安全係数について、つりワイヤロープにあっては、(　　)以上と規定されている。

イ　2.5

ロ　3

ハ　5

ニ　10

塗装

正解表

平成 31 年度　2級　学科試験正解表
塗装（建築塗装作業）

真偽法

番号	1	2	3	4	5
正解	X	○	○	X	○

番号	6	7	8	9	10
正解	X	X	X	○	X

番号	11	12	13	14	15
正解	X	X	X	X	○

番号	16	17	18	19	20
正解	X	○	X	○	○

番号	21	22	23	24	25
正解	X	○	X	○	○

択一法

番号	1	2	3	4	5
正解	ニ	ニ	ハ	イ	イ

番号	6	7	8	9	10
正解	ロ	ニ	イ	ニ	ハ

番号	11	12	13	14	15
正解	ニ	ハ	イ	ニ	ハ

番号	16	17	18	19	20
正解	イ	ニ	ハ	ロ	ロ

番号	21	22	23	24	25
正解	イ	ハ	ハ	ハ	ハ

平成 30 年度　2級　学科試験正解表
塗装（建築塗装作業）

真偽法

番号	1	2	3	4	5
解答	○	○	X	○	○

番号	6	7	8	9	10
解答	○	X	X	○	X

番号	11	12	13	14	15
解答	○	X	○	○	X

番号	16	17	18	19	20
解答	○	○	○	○	○

番号	21	22	23	24	25
解答	X	○	○	X	○

択一法

番号	1	2	3	4	5
解答	イ	ニ	ニ	ロ	ハ

番号	6	7	8	9	10
解答	ロ	ハ	ロ	ハ	イ

番号	11	12	13	14	15
解答	ニ	ロ	ニ	ニ	イ

番号	16	17	18	19	20
解答	ハ	イ	ロ	ニ	ロ

番号	21	22	23	24	25
解答	ロ	イ	ニ	ニ	ロ

平成 31 年度　1 級　学科試験正解表
塗装（建築塗装作業）

真偽法

番号	1	2	3	4	5
解答	○	○	X	○	X

番号	6	7	8	9	10
解答	○	X	○	X	X

番号	11	12	13	14	15
解答	○	○	X	X	○

番号	16	17	18	19	20
解答	X	○	○	X	○

番号	21	22	23	24	25
解答	X	X	○	X	○

択一法

番号	1	2	3	4	5
解答	イ	ロ	ロ	ハ	イ

番号	6	7	8	9	10
解答	イ	ハ	ロ	ロ	イ

番号	11	12	13	14	15
解答	ニ	ニ	ハ	イ	ハ

番号	16	17	18	19	20
解答	ハ	ニ	ニ	イ	ニ

番号	21	22	23	24	
解答	イ	ロ	イ	ロ	

平成 30 年度　1 級　学科試験正解表
塗装（建築塗装作業）

真偽法

番号	1	2	3	4	5
解答	○	X	○	X	X

番号	6	7	8	9	10
解答	X	○	X	○	○

番号	11	12	13	14	15
解答	○	○	○	X	X

番号	16	17	18	19	20
解答	○	X	○	○	X

番号	21	22	23	24	25
解答	○	○	○	○	X

択一法

番号	1	2	3	4	5
解答	ニ	ニ	ニ	ロ	ニ

番号	6	7	8	9	10
解答	ロ	ハ	ロ	ニ	ハ

番号	11	12	13	14	15
解答	イ	ニ	ハ	ニ	イ

番号	16	17	18	19	20
解答	イ	ニ	ハ	ニ	ハ

番号	21	22	23	24	
解答	ロ	イ	ロ	イ	

平成 31 年度　2級　学科試験正解表
塗装（金属塗装作業）

真偽法

番号	1	2	3	4	5
正解	X	○	○	X	○

番号	6	7	8	9	10
正解	X	X	X	○	X

番号	11	12	13	14	15
正解	X	X	X	X	○

番号	16	17	18	19	20
正解	X	○	○	X	○

番号	21	22	23	24	25
正解	○	X	X	X	○

択一法

番号	1	2	3	4	5
正解	ニ	ニ	ハ	イ	イ

番号	6	7	8	9	10
正解	ロ	ニ	イ	ニ	ハ

番号	11	12	13	14	15
正解	ニ	ハ	イ	ニ	ハ

番号	16	17	18	19	20
正解	ニ	ロ	ロ	ロ	ハ

番号	21	22	23	24	25
正解	ロ	ハ	ハ	ロ	イ

平成 30 年度　2級　学科試験正解表
塗装（金属塗装作業）

真偽法

番号	1	2	3	4	5
解答	○	○	X	○	○

番号	6	7	8	9	10
解答	○	X	X	○	X

番号	11	12	13	14	15
解答	○	X	○	○	X

番号	16	17	18	19	20
解答	○	○	○	X	X

番号	21	22	23	24	25
解答	○	X	○	○	○

択一法

番号	1	2	3	4	5
解答	イ	ニ	ニ	ロ	ハ

番号	6	7	8	9	10
解答	ロ	ハ	ロ	ハ	イ

番号	11	12	13	14	15
解答	ニ	ロ	ニ	ニ	イ

番号	16	17	18	19	20
解答	ロ	ロ	イ	イ	ロ

番号	21	22	23	24	25
解答	ロ	ハ	イ	ニ	ハ

平成 31 年度　1級　学科試験正解表
塗装（金属塗装作業）

真偽法

番号	1	2	3	4	5
正解	○	○	X	○	X

番号	6	7	8	9	10
正解	○	X	○	X	X

番号	11	12	13	14	15
正解	○	○	X	X	○

番号	16	17	18	19	20
正解	X	○	○	X	○

番号	21	22	23	24	25
正解	X	○	X	X	X

択一法

番号	1	2	3	4	5
正解	イ	ロ	ロ	ハ	イ

番号	6	7	8	9	10
正解	イ	ハ	ロ	ロ	イ

番号	11	12	13	14	15
正解	ニ	ニ	ハ	イ	ハ

番号	16	17	18	19	20
正解	ハ	ハ	ハ	ロ	イ

番号	21	22	23	24	25
正解	ハ	イ	イ	ハ	ロ

平成 30 年度　1級　学科試験正解表
塗装（金属塗装作業）

真偽法

番号	1	2	3	4	5
解答	○	X	○	X	X

番号	6	7	8	9	10
解答	X	○	X	○	○

番号	11	12	13	14	15
解答	○	○	○	X	X

番号	16	17	18	19	20
解答	○	X	X	○	○

番号	21	22	23	24	25
解答	X	○	○	X	X

択一法

番号	1	2	3	4	5
解答	ニ	ニ	ニ	ロ	ニ

番号	6	7	8	9	10
解答	ロ	ハ	ロ	ニ	ハ

番号	11	12	13	14	15
解答	イ	ニ	ハ	ニ	イ

番号	16	17	18	19	20
解答	ハ	ロ	ロ	イ	ハ

番号	21	22	23	24	
解答	ロ	イ	ハ	ハ	

平成31年度　2級　学科試験正解表
塗装（噴霧塗装作業）

真偽法

番号	1	2	3	4	5
正解	×	○	○	×	○

番号	6	7	8	9	10
正解	×	×	×	○	×

番号	11	12	13	14	15
正解	×	×	×	×	○

番号	16	17	18	19	20
正解	×	×	○	×	×

番号	21	22	23	24	25
正解	×	○	×	×	○

択一法

番号	1	2	3	4	5
正解	ニ	ニ	ハ	イ	イ

番号	6	7	8	9	10
正解	ロ	ニ	イ	ニ	ハ

番号	11	12	13	14	15
正解	ニ	ハ	イ	ニ	ハ

番号	16	17	18	19	20
正解	イ	ロ	ニ	イ	ロ

番号	21	22	23	24	25
正解	イ	ニ	イ	ハ	イ

平成30年度　2級　学科試験正解表
塗装（噴霧塗装作業）

真偽法

番号	1	2	3	4	5
解答	○	○	×	○	○

番号	6	7	8	9	10
解答	○	×	×	○	×

番号	11	12	13	14	15
解答	○	×	○	○	×

番号	16	17	18	19	20
解答	○	○	×	○	○

番号	21	22	23	24	25
解答	○	○	×	○	○

択一法

番号	1	2	3	4	5
解答	イ	ニ	ニ	ロ	ハ

番号	6	7	8	9	10
解答	ロ	ハ	ロ	ハ	イ

番号	11	12	13	14	15
解答	ニ	ロ	ニ	ニ	イ

番号	16	17	18	19	20
解答	ハ	イ	ロ	イ	ハ

番号	21	22	23	24	25
解答	ロ	ハ	ハ	イ	イ

平成31年度　1級　学科試験正解表
塗装（噴霧塗装作業）

真偽法

番号	1	2	3	4	5
正解	○	○	X	○	X

番号	6	7	8	9	10
正解	○	X	○	X	X

番号	11	12	13	14	15
正解	○	○	X	X	○

番号	16	17	18	19	20
正解	X	○	X	X	○

番号	21	22	23	24	25
正解	○	X	○	○	X

択一法

番号	1	2	3	4	5
正解	イ	ロ	ロ	ハ	イ

番号	6	7	8	9	10
正解	イ	ハ	ロ	ロ	イ

番号	11	12	13	14	15
正解	ニ	ニ	ハ	イ	ハ

番号	16	17	18	19	20
正解	イ	イ	イ	ロ	ニ

番号	21	22	23	24	25
正解	ロ	ハ	ニ	ハ	ニ

平成30年度　1級　学科試験正解表
塗装（噴霧塗装作業）

真偽法

番号	1	2	3	4	5
解答	○	X	○	X	X

番号	6	7	8	9	10
解答	X	○	X	○	○

番号	11	12	13	14	15
解答	○	○	○	X	X

番号	16	17	18	19	20
解答	○	X	○	X	X

番号	21	22	23	24	25
解答	X	X	X	X	○

択一法

番号	1	2	3	4	5
解答	ニ	ニ	ニ	ロ	ニ

番号	6	7	8	9	10
解答	ロ	ハ	ロ	ニ	ハ

番号	11	12	13	14	15
解答	イ	ニ	ハ	ニ	ニ

番号	16	17	18	19	20
解答	ロ	ハ	ハ	ニ	ロ

番号	21	22	23	24	
解答	ニ	ロ	イ	ハ	

令和２年度　２級　学科試験正解表
塗装（鋼橋塗装作業）

真偽法

番号	１	２	３	４	５
正解	X	○	X	X	○

番号	６	７	８	９	１０
正解	X	○	X	X	○

番号	１１	１２	１３	１４	１５
正解	○	X	○	○	○

番号	１６	１７	１８	１９	２０
正解	X	○	○	X	○

番号	２１	２２	２３	２４	２５
正解	○	○	X	○	○

択一法

番号	１	２	３	４	５
正解	ニ	ニ	ニ	イ	ロ

番号	６	７	８	９	１０
正解	ハ	ハ	イ	ロ	ニ

番号	１１	１２	１３	１４	１５
正解	ニ	ニ	イ	ニ	ハ

番号	１６	１７	１８	１９	２０
正解	ニ	ニ	ハ	ニ	ロ

番号	２１	２２	２３	２４	２５
正解	ハ	イ	ニ	ハ	ロ

令和元年度　２級　学科試験正解表
塗装（鋼橋塗装作業）

真偽法

番号	１	２	３	４	５
正解	○	○	○	○	X

番号	６	７	８	９	１０
正解	○	X	X	X	○

番号	１１	１２	１３	１４	１５
正解	X	X	X	○	○

番号	１６	１７	１８	１９	２０
正解	○	X	○	○	X

番号	２１	２２	２３	２４	２５
正解	○	X	○	X	X

択一法

番号	１	２	３	４	５
正解	ニ	イ	イ	ニ	ハ

番号	６	７	８	９	１０
正解	ハ	ハ	イ	ロ	ニ

番号	１１	１２	１３	１４	１５
正解	ハ	ロ	ニ	ニ	ロ

番号	１６	１７	１８	１９	２０
正解	ニ	ロ	ニ	ニ	ハ

番号	２１	２２	２３	２４	２５
正解	ニ	イ	ロ	ハ	ニ

平成 30 年度　2級　学科試験正解表
塗装（鋼橋塗装作業）

真偽法

番号	1	2	3	4	5
正解	○	○	X	X	X

番号	6	7	8	9	10
正解	○	X	X	X	X

番号	11	12	13	14	15
正解	X	○	X	○	X

番号	16	17	18	19	20
正解	X	○	X	X	○

番号	21	22	23	24	25
正解	○	○	○	○	○

択一法

番号	1	2	3	4	5
正解	ハ	ニ	ハ	イ	ロ

番号	6	7	8	9	10
正解	ハ	ニ	イ	ハ	ロ

番号	11	12	13	14	15
正解	ニ	ハ	イ	イ	イ

番号	16	17	18	19	20
正解	ハ	イ	ハ	イ	ロ

番号	21	22	23	24	25
正解	ハ	イ	ニ	ハ	ハ

令和２年度　１級　学科試験正解表
塗装（鋼橋塗装作業）

真偽法

番号	1	2	3	4	5
正解	○	○	X	X	X

番号	6	7	8	9	10
正解	○	○	○	X	○

番号	11	12	13	14	15
正解	○	X	X	○	X

番号	16	17	18	19	20
正解	X	○	○	X	○

番号	21	22	23	24	25
正解	○	X	○	○	X

択一法

番号	1	2	3	4	5
正解	ニ	イ	ロ	ハ	ロ

番号	6	7	8	9	10
正解	イ	ハ	ハ	ロ	イ

番号	11	12	13	14	15
正解	ハ	イ	イ	ハ	イ

番号	16	17	18	19	20
正解	イ	ロ	ロ	ニ	イ

番号	21	22	23	24	25
正解	ハ	イ	イ	ハ	ニ

令和元年度　１級　学科試験正解表
塗装（鋼橋塗装作業）

真偽法

番号	1	2	3	4	5
正解	○	X	○	○	○

番号	6	7	8	9	10
正解	○	X	X	○	X

番号	11	12	13	14	15
正解	○	○	X	X	○

番号	16	17	18	19	20
正解	○	X	X	X	○

番号	21	22	23	24	25
正解	X	○	○	○	X

択一法

番号	1	2	3	4	5
正解	ニ	イ	ロ	ハ	ロ

番号	6	7	8	9	10
正解	ロ	ニ	ハ	ロ	ニ

番号	11	12	13	14	15
正解	ハ	ハ	ロ	ハ	ハ

番号	16	17	18	19	20
正解	ニ	ロ	ニ	ハ	イ

番号	21	22	23	24	25
正解	ハ	イ	イ	ロ	イ

平成 30 年度　1級　学科試験正解表
塗装（鋼橋塗装作業）

真偽法

番号	1	2	3	4	5
正解	○	X	X	X	X

番号	6	7	8	9	10
正解	X	○	○	○	○

番号	11	12	13	14	15
正解	○	○	X	○	○

番号	16	17	18	19	20
正解	X	X	○	X	○

番号	21	22	23	24	25
正解	X	X	○	X	X

択一法

番号	1	2	3	4	5
正解	ニ	ニ	ハ	ロ	ハ

番号	6	7	8	9	10
正解	イ	イ	ロ	ハ	イ

番号	11	12	13	14	15
正解	ハ	ハ	イ	ハ	イ

番号	16	17	18	19	20
正解	ハ	ロ	ニ	ハ	ロ

番号	21	22	23	24	25
正解	ニ	イ	イ	ハ	ニ

・本書掲載の試験問題及び解答の内容についてのお問い合わせ等には、一切応じられませんのでご了承ください。
・試験問題について、都合により一部、編集しているものがあります。

平成30・令和元・2年度
1・2級 技能検定　試験問題集　74　塗装

令和３年８月　初版発行

監　修　中央職業能力開発協会
発　行　一般社団法人 雇用問題研究会
〒103-0002　東京都中央区日本橋馬喰町1-14-5 日本橋Kビル２階
TEL　03-5651-7071(代)　FAX　03-5651-7077
URL　http://www.koyoerc.or.jp
印　刷　株式会社ワイズ

223074

ISBN978-4-87563-673-1 C3000